Jürgen Fliege

# Der Himmel ist auf deiner Seite

Jürgen Fliege

# *Der Himmel ist auf deiner Seite*

## Ermutigungen für alle Lebenslagen



Kösel

Die Fotos in diesem Buch stammen von Ulrike Schneiders, Breitbrunn/Chiemsee

2. Auflage 2004

Druck und Bindung: Kösel, Kempten
Umschlag: Agentur Kosch, München
Umschlagmotiv: Ingrid Grossmann, Taufkirchen;
Zefa, Düsseldorf
Redaktion: Uwe Birnstein
ISBN 3-466-36654-2

*Gedruckt auf umweltfreundlich hergestelltem Offsetpapier (säurefrei und chlorfrei gebleicht)*

# Inhaltsverzeichnis

## *Jahreszeiten*



## *Glaube*

## *Heilung*



## *Kirchenjahr*

# Vorwort

»Wer nicht kniet, den bekniet das Leben!« Dieser Satz kommt mir jedes Mal in den Sinn, wenn ich Michael Gorbatschows geschichtsträchtigen Ausspruch höre: »Wer zu spät kommt, den bestraft das Leben.« So schön der Satz klingt – ich meine, er stimmt nicht. Meine Wahrnehmung ist eine andere. Ich habe das Leben anders erfahren. Es kommt und sorgt sich um uns und bekniet uns, einen neuen Weg einzuschlagen. Einen Weg, der wegführt vom Unglück und vom Selbstmitleid. Einen, der vom Tod ins Leben führt, aus der Enge in die Weite, aus der Verlogenheit in die Wahrheit. Das Leben macht Druck. Wie bei einer Geburt. Das Leben bekniet uns und sorgt für uns. Ja, das Leben kümmert sich um uns wie ein guter Vater und eine gute Mutter für uns sorgen – erst recht, wenn wir meinen, dass wir zu spät kommen könnten. Das Leben gibt uns eine Hilfestellung, wenn es unseren Leib auf bald vierzig Grad erhitzt, nur um damit Eindringlinge, Keime des Todes, abzutöten!

Also, wie bekniet uns das Leben? Manchmal kommt es eben mit einer Krankheit daher, quält uns, nötigt uns, drängt uns, aus dem Alltag auszusteigen, nimmt uns beiseite, legt uns um und zwingt uns in der Stille eines Krankenzimmers oder einer Kur, neu über uns nachzudenken: Wie soll es jetzt weitergehen? Das Leben selbst sorgt derweil für die Stille, die offenbar notwendig ist, zur Besinnung zu kommen. Alte Fragen tauchen aus der Stille auf: Weshalb ist mir das alles passiert? Wo will das Leben mich hinführen? Vergessen Sie die ewigen Warum-Fragen – fragen Sie statt dessen: »Wozu geschieht mir, ausgerechnet mir das? Was ist der Sinn dessen, das mich niederdrückt und bis an den Abgrund der Verzweiflung treibt?« Die Gründe, warum Sie in diesem Moment an diesem Ort, in dieser Situation stehen, sind klar: Das Leben bekniet Sie, weil es Sie irgendwohin haben will. Irgendwohin, wo sie nicht hin wollten – aber nun müssen. Denn das Leben hat seine eigenen Gesetze und sucht seine eigenen Wege. Die sind nicht immer Ihre, führen Sie aber immer zum Ziel. Zum Beispiel Krankheit. Krankheit ist immer die Folge einer Kränkung. Und die ist – wie jeder Blumenfreund weiß, wenn sich eine Pflanze zur Seite neigt und welkt – immer eine Folge mangelnder Energie oder mangelnden Energieflusses. Zu wenig Wasser des Lebens! Zu viel Wüste! Wer führt mich heraus? Wo ist der Weg? Die Krankheit ist eben notwendig, um Ihre Not zu wenden und sich auf die Suche zu machen nach neuen Quellen, die Kraft schenken für den neuen Lebensweg.

Es kann auch sein, dass die Fürsorge des Lebens paradoxerweise als Beziehungskrise daherkommt. Was soll an einer Krise Gutes sein? Zum Beispiel, dass offenbar eine Periode des Wachsens und Erlebens mit einem bestimmten Menschen an ihr Ende gekommen ist. Das Leben ruft nach Erneuerung und bereitet nun unter Schmerzen und Tränen den Misthaufen vor, auf dem sich das neue Stück Leben entwickeln könnte. »Die Liebe Gottes wohnt auf dem Misthaufen deines Leben!«, lautet ein altes Tao-Wort aus dem asiatischen Raum. Es meint einen Misthaufen, der genährt wurde von den eigenen Fehlern und Verzweiflungen, von den Ängsten und Sorgen, von den Schicksalsschlägen und Lebensnöten. Einsamkeit sickert ins Herz. Dazu die Angst, niemand Neues zu finden, der die Einsamkeit durchbricht und Ihnen beisteht. Ein alter Lebensabschnitt muss oft erst einmal hinter sich gelassen werden, bevor am Horizont etwas Neues auftaucht. Das sind meist schmerzvolle Erlebnisse, die uns den Wert des Loslassens bewusst machen. Aber es sind – trotz aller Trauer und trotz aller Enttäuschungen – auch Erfahrungen, die die Menschen auf einen inneren seelischen Heimweg bringen. Wie auf einem fremden Planeten ausgesetzt, suchen sie, kaum dass sie geboren sind, instinktiv den richtigen Weg ans richtige Ziel. Ihr Kompass ist ihre Sehnsucht – und die ist unsterblich.

Geschichten, in denen das Leben uns Menschen bekniet, habe ich für Sie gesammelt. Geschichten, die ich selber erlebt habe und Geschichten, die mir im Pfarramt und im Fernsehstudio zugetragen wurden. Sie haben alle dieselbe Botschaft:: »Der Himmel ist auf deiner Seite. Fürchte dich nicht! Ja, in der Begegnung mit deinen Fehlern und Wunden steckt die Chance einer Begegnung mit dem Leben selbst.«

Ich möchte Ihnen nun diese Geschichten erzählen, damit auch Sie in mancher Dunkelheit, die Sie umfängt, das Gefühl nicht loswerden: Irgendetwas Fürsorgliches, Mächtiges, auch anfänglich Fremdes hat sich aufgemacht, mitten in der Dunkelheit an Ihre Seite zu rücken.

Passen Sie gut auf sich auf!

# *Liebe*

## Die stärkste Macht der Welt

# Zufällig Liebe

Wer die Liebe seines Lebens schon aus dem Sandkasten her kennt, der wird schwer daran glauben können, dass die wahre Liebe quasi vom Himmel fällt. Und wer seinen Ehepartner im Büro kennen gelernt hat, wo aus Kollegialität irgendwann Freundschaft wurde und aus Freundschaft Liebe, der glaubt auch kaum daran, dass der Himmel selbst Frau und Mann zusammenführt. Aber wer jetzt weiterliest, der bekommt den modernen Beweis dafür, dass der Himmel selbst ein Paar zusammenführt und sonst niemand.

Der junge Mann aus dem Rheinland hatte sein Handy resigniert in die Hosentasche gesteckt. Sein Freund war offenbar nicht erreichbar. Er könnte es ja später noch einmal versuchen. Doch während er die abendlichen Straßen entlangging, drückte seine enge Hose immer wieder gegen die Tasten auf seinem neuen Apparat. Zuerst erwischte es die »0«. Und ein paar Schritte weiter war es nicht die »0«, sondern die »1«. Und irgendwann später die »2«. Und dann spielte der Himmel Lotto und lost aus Millionen von möglichen Telefonnummern sieben Zahlen heraus, die zum Handy einer jungen, attraktiven Polizistin im fernen Berlin gehören. Und während kein Mensch auf der Erde sich so einen Zufall ausdenken kann, führt der Himmel gerade zwei Menschen zusammen.

Jetzt greift der junge Mann beiläufig in die Hosentasche. Denn es ist kurz vor Mitternacht, und wenn er seinen Freund noch erreichen will, dann jetzt. Er drückt, ohne auf sein Handy zu schauen, die Wahlwiederholungstaste. Er weiß nicht, dass der Himmel längst eine andere Nummer eingegeben hat. Als am anderen Ende eine fremde Frauenstimme »Hallo!« sagt, stammelt der Junge eine kurze Entschuldigung und legt auf. Irgendwas scheint nicht zu stimmen. Wie kommt die fremde Nummer in sein Handy? Egal! Aber wenn man um Mitternacht noch fremde Leute aus dem Bett holt, sollte man sich wenigstens bei ihnen entschuldigen. Also schickt er noch schnell ein paar Worte des Bedauerns hinterher. Am anderen Ende aber wundert sich die junge, schöne Beamtin über den freundlichen Ton und funkt zurück. Es hat dann nur ein paar Tage gedauert, bis sie sich sahen und dann noch einmal ein paar Wochen, bis sie sich vollständig erkannten und liebten. Irgendwann wird Hochzeit sein. Und der »Zufall« hat wieder einen Namen: »Himmel!«

## Ein Heiratsantrag – und eine wunderbare Antwort

Wie antwortet eine junge Frau einem Mann auf seinen Heiratsantrag? Große Auswahl scheint sie ja auf Anhieb nicht zu haben. »Ja« oder »nein« oder »ich weiß noch nicht« könnte sie sagen. Oder: »Ich muss erst mal meine Mutter fragen.« Aber außer: »Ja, ich will« sind das alles keine Antworten, die einen Mann glücklich machen können.

Doch neulich habe ich eine Antwort gehört, die einen jungen Mann sehr, sehr glücklich gemacht hat. Und dabei hatte die junge Frau nicht einmal das Wort Ja gesagt.

Er hatte sie in ein paar Gottesdiensten einer Kirchengemeinde kennen gelernt. Sie saß da wohl oft allein. Merkwürdig! Und das ältere Ehepaar, das dann und wann neben ihr saß, das mussten wohl ihre Eltern sein. Und so traute er sich nicht gleich, sie anzusprechen. Und als er sich dann doch näher nach ihr erkundigte, erzählte man ihm, sie sei Krankenschwester.

Das machte für ihn Sinn. Sie hatte wohl schon mehr vom Leben und Sterben gesehen als manches andere Mädchen in ihrem Alter. Sie musste wohl wissen, wie tief man krank und wie tief man gesund und heil werden kann. Also saß sie hier und lauschte auf die Tiefen des Lebens. Wie er. Aber mehr als »Krankenschwester« war erst mal nicht über sie herauszukriegen. Da hätte er sie selber fragen müssen. Er aber gehörte nicht zu den Aufreißern der Stadt. Er war eher ein Stiller.

Später kam dann doch die Gelegenheit, sich ihr vorzustellen, sich für den nächsten Sonntag zu verabreden und mit ihr in einer Bank zu sitzen. Irgendwann sammelt jeder Mann genug Mut, seine Geliebte zum Essen einzuladen. Aber viel mehr war nicht. Er wollte mit ihr nicht schlafen. Nicht bevor sie verheiratet wären. Später folgten dann Einladungen zu ihren Eltern. Und irgendwann am Ende eines solchen Abends muss er sie gefragt haben, ob sie ihn heiraten wollte. Und da hat sie ihre Arme um seinen Hals geschlungen, ihn angeschaut, tief in die Augen, und gesagt: »Ich will dir helfen, Gott zu dienen!«

Das hört sich für den Außenstehenden ein bisschen fromm an. Aber wenn man von dieser Antwort die fromme Farbe einmal abwischt, dann bleibt da eine Antwort, die tief bewegt.

Da sieht eine junge Frau offenbar, dass ihr Mann nach einer Aufgabe in seinem Leben sucht. Und nicht nach Erfolg, Macht, Geld und Glamour. Und sie weiß – woher auch immer – dass ein Mensch nur glücklich sein wird, wenn er diese Aufgabe auch gefunden hat. »Ich will dir helfen, glücklich zu werden. Weil ich dir helfen werde, deine Aufgabe in diesem Leben zu finden.« So ungefähr müsste die Antwort lauten, wenn sie außerhalb von Religion und Kirchen gegeben würde.

Denn schließlich sucht jeder Mensch nach dem Sinn seines Lebens. Jeder sucht nach einer Aufgabe. Und die wird er nur finden, wenn er seine Gabe und Begabung ausleben kann. Und dann einen Menschen an seiner Seite zu haben, der nicht gekommen ist, mit dem Wunsch bedient zu werden, sondern zu dienen und zu helfen – das ist mehr als Glück.

Was der junge Mann auf den wunderbaren Satz seiner Freundin geantwortet hat, wollen Sie wissen?

»Und ich dir!«

## Was im Alter wirklich trägt

Wie man in den Wald ruft, so schallt es heraus! Und wie selbstverständlich man seinen Kindern sein Leben lang all seine Liebe gab, so kommt sie zurück, wenn man alt geworden ist. Davon träumt man und darauf hofft man. Und das ist auch die Regel.

Was aber ist, wenn man seine Kinder nicht so selbstverständlich lieben konnte? Das kommt doch vor – wer weiß, wie oft? Vielleicht, weil man selber als Mädchen, Ehefrau und Mutter sein Leben lang ungeliebt von einer Schicksalsecke in die andere flog. Man wurde nicht geliebt und konnte sich selber nicht leiden und lieben. Vertauscht als Kind, abgehauen von Zuhause, endlich verheiratet mit einem Trinker, der über die Jahre stirbt, und irgendwo dazwischen ein Sohn – Kind dieses verrückten Lebens, aber keine Liebe. Was dann? Wird der Sohn seine alte Mutter pflegen und lieben, bis dass der Tod sie beide scheidet? Nein, das wird er nicht. Er wird sie weiter »ausnehmen wie eine Weihnachtsgans«, wie mir die betroffene Frau D. schreibt. Denn eine Mutter, die ihn liebt, weil sie sich selbst und das Leben liebt, kennt der Junge ja nicht. Nur Arbeit war ihr Leben, nie dachte sie an sich. Nur für die ihren streben, das war ihr Leben! Er kennt nur eine Mutter, die für ihn sorgt und arbeitet. Und das ist ein gewaltiger Unterschied: der Unterschied zwischen Leibeigenschaft und Liebe, zwischen Abhängigkeit und Liebe.

Und so darf man dann auch als alte Mutter in der Tat nicht damit rechnen, dass der einzige Sohn einen liebt und pflegt.

Da wird man auch im Rentenalter noch eine Erfahrung nachholen müssen, zu der man sein ganzes Leben lang vor lauter Arbeit und Pflicht nicht gekommen ist. Und die heißt: Was passiert eigentlich, wenn ich nicht mehr bereit oder in der Lage bin, für Liebe und Nähe Frondienste zu leisten? Sorgt das Leben trotzdem für mich? Das muss man ausprobieren. Und vor einem her geht wie ein Licht der alte biblische Abraham. Der musste seine Familie verlassen, um das zu erfahren. Also mach es wie Abraham, verlass deine Familie! Der zurückgelassene Sohn wird dadurch nur endlich erwachsen. Und wie der alte Abraham wird man neue Menschen finden, die Arbeit und Liebe unterscheiden können.

In der Zeit der nachlassenden Kräfte wird es sicher auch einfacher sein, geschenktes Leben und geschenkte Liebe von dem bloßen Geschäft zu unterscheiden, in dem man sich die Nähe der anderen durch Arbeit und Geschenke erkaufen musste. Mit Arbeit ist nicht mehr viel: Auch das Geld für Geschenke wird knapper. Jetzt fegt der Wind die Spreu der oberflächlichen Beziehungen beiseite. Und was übrig bleibt, trägt wirklich. Fürchte dich nicht.

# »Meine Frau hat einen anderen«, sagte der Taxifahrer ...

Taxifahrer wissen alles. Aber sie haben keine Ahnung von Adam und Eva, Kain und Abel. »Bitte zum Flughafen!«, hatte ich gesagt und mich auf den Beifahrersitz fallen lassen. Ich war müde, schloss die Augen und freute mich auf zu Hause. Und so bemerkte ich auch nicht die neugierigen Blicke des Taxifahrers: Ist es wohl »Fliege«? Oder sieht er nur so aus wie »Fliege«?

»Entschuldigen Sie, wenn ich Sie störe«, begann er. »Aber Sie sind doch der Fliege? Sie sind doch Pfarrer, evangelischer, der mit der Talkshow? Meine Frau hat einen anderen. Das ist wie in Ihrer Sendung. Ist das normal? Das darf sie doch nicht! Es gibt doch Gebote!«

Da erklärte ich ihm müde, dass es in den Herzen der Frauen und Männer von Natur aus eben grundsätzlich unterschiedlich aussieht: Die Männer drängt es offenbar, mit mehreren Frauen Kinder zu zeugen. Und die Frauen müssen von Natur aus viel mehr auf Treue, Zuverlässigkeit und soliden Besitz aus sein, weil sie schließlich »ihre Brut«, ihre Kinder durchbringen müssten. Das sei doch beides verständlich und die Ehe deswegen immer auch eine Frage des Aufeinanderzugehens. Das ist Arbeit, und das Gebot gibt die Richtung und das Ziel an.

So einfach und klar hatte er offenbar noch nie mit einem Pfarrer gesprochen. Und jetzt wollte er alles wissen. Ich wachte endlich ganz auf.

»Wie ist das mit Adam und Eva? Das sind doch nicht wirklich die ersten Menschen?« Sind sie nicht! Adam und Eva haben nicht gelebt. Ihre Geschichte erzählten die Eltern vor dreitausend Jahren ihren Kindern, wenn die nach dem Anfang der Welt fragten. Da gab es noch keine Wissenschaft. Aber es gab ein inneres Wissen. Menschen waren Kinder von Himmel und Erde wie alle Tiere und Pflanzen. Menschen waren aus Erde und Geist. Menschen waren »Erdmännchen«. Und genau das bedeutet

»Adam«. Seine Geschichte und sein Name erzählen davon, wer seine Mutter ist: die Erde. Und wer sein Vater ist: der Himmel. Und Eva ist eben auch kein beliebiger Vorname wie Hans und Gretel oder Tina. »Eva« bedeutet die »Gebärende«. Die Geschichte von Adam und Eva, das ist das uralte Wissen, von wem wir Menschen abstammen, und wie es weitergeht.

Und damit der Taxifahrer noch klarer sieht, habe ich ihm gleich die Erklärung von Kain und Abel als Zugabe geliefert. »Kain« bedeutet der »Kerl«, der Klotz, Keil. Also ein Mann wie ein Baum. Und Abel heißt: Der »kleine Hauch«. Und wer die Geschichte der Menschen, ihr Woher und Wohin studiert, wird bemerken, dass sie immer zwei Menschen-Typen hervorbringt. Starke Typen und schwächliche. Einmal mehr Fleisch und einmal mehr Geist. Einmal eben überwiegt Mutter Erde und einmal eben überwiegt Vater Himmel. Und das gilt für Frauen und Männer gleichermaßen. Kain und Abel erzählen uns die Geschichte der Menschen-Typen und ihr Schicksal. Der »Kerl« erschlägt den »Hauch« immer wieder. Das Fleisch besiegt den Geist, die Erde den Himmel. Aber auch da steckt eine Woher- und Wohin-Geschichte der Menschen drin: Kain war der Erstgeborene und Abel der Zweite – kein Wunder, dass der Gott im Himmel am Zweiten so hing.

Wir waren am Flughafen. »Geben Sie mir bitte eine Quittung«, sagte ich. »Schon gut«, antwortete da der Fahrer, »wir sind schon quitt. Endlich habe ich kapiert, was mich vierzig Jahre quälte.«

# Ein gutes Rezept für Männer in den Wechseljahren

Wir Männer waren alle schon jenseits der Fünfzig. Der eine war Frauenarzt, der andere ein Installateur und ich. Und dass wir mit unseren altersbedingten Beschwerden ausgerechnet einem Frauenarzt vertrauten, lag eher daran, dass er mit sich selber gegen seine schwindende Liebesfähigkeit einen medizinischen Selbstversuch gemacht hatte. Und das kam so: Der Gynäkologe war in seinem Hobby-Treibhaus dabei, die Kiwi-Bäumchen zu bewässern. Und jeder Hobby-Gärtner weiß, dass Kiwis nicht nur Wasser und Sonne brauchen, um Früchte zu tragen, sondern sie müssen auch verheiratet sein: Ein Weibchen-Baum und ein Männchen-Baum müssen nebeneinander wachsen. Und während der Arzt an diesem heißen Sonntag mit dem Gartenschlauch seine Pflanzen bewässerte, kam ihm die Idee: Wenn Männchen und Weibchen der Kiwis dieselbe Nahrung, sozusagen auch dieselbe Medizin bräuchten, um Früchte zu tragen, dann könnte man das doch auch mit den Menschen-Männchen wie mit den Menschen-Weibchen probieren. In der Praxis erschienen doch dauernd Frauen, die er mit Hormongaben über die Beschwerden der Wechseljahre brachte. Aber für Männer hätte man in der Medizin allgemeinhin nur Schulterzucken und ein paar blöde Witzchen.

Und als der Doktor auch noch eine aufkommende Furcht besiegen konnte, bei weiblichen Hormongaben auch weibliche Formen zu bekommen, da verordnete er sich mutig dieselben Hormone, wie er es bei seinen vielen Patientinnen tat.

Seitdem gibt es immer mehr Männer im reiferen Alter, die vor seiner Gynäkologenpraxis sich schnell einmal umschauen, ob auch niemand guckt, um dann das Sprechzimmer zu betreten.

Und wenn Sie, meine lieben Leserinnen, aus welchen Gründen auch immer, das Rezept interessiert und warum ausgerechnet ein Pfarrer es Ihnen verraten sollte, dann gilt für alle Männer in den Wechseljahren derselbe Grundsatz, mit dem ich sozusagen als Paragraph 1 Seelsorge betreibe: Zuerst der Leib und dann die Seele!

Und warum ausgerechnet ein Pfarrer es Ihnen verraten sollte, dann gilt: Schweigepflicht! Aber fragen Sie doch Ihren Arzt oder Apotheker!

## Was das Oktoberfest mit Ihrem Hochzeitstag zu tun hat

In München feiert die ganze Welt einmal im Jahr Hochzeitstag. Das weiß zwar kaum einer der sechs Millionen Hochzeitsgäste mehr oder minder betrunken aus aller Welt. Bei denen heißt es schlicht »Oktoberfest.« Und wer es noch deftiger will ? wie mancher Amerikaner ? der sagt einfach »the Bierfest«. Aber am Anfang stand eben nicht das Bier, sondern die Liebe zwischen einem bayrischen König und seiner Zukünftigen, Theresia.

Und nun meine Idee für Sie: Was den bayrischen Königen recht war, nämlich aus Anlass ihrer Vermählung ein großes Fest zu feiern, das könnte doch in bürgerlichen Zeiten jedem von uns recht sein, oder? Feiern tut man im Leben viel zu wenig. Von Zeit zu Zeit ist ein Fest an der Zeit! Nur das hilft gegen das Grau des Alltags. Und der Hochzeitstag führt in unseren Breiten ein eher unscheinbares Dasein. Und so mancher Ehemann, der den Hochzeitstag in der Hektik seines Berufs vergessen hat, schaut abends dann weniger Fernsehen als in tränenschwere Frauenaugen. Ein großes Fest mit Bier und Wein vergisst kein Ehemann!

Wer also das bedauernswertere Opfer des verdrängten Hochzeitstags ist, Ehemann oder Ehefrau, weiß ich nicht. Ich weiß hier nur das Mittel dagegen. München lehrt es: Ein Fest! Ein Erinnerungsfest! Ein Erinnerungsfest, auf dem die Geschichte der Liebe den Kindern erzählt wird. Mit und ohne Bilder!

Muttertag ist für die Mutter da. Und für den Vater hat man in Ermangelung eines anderen Tages dann Himmelfahrt reserviert. Aber für die Ehe und die Erinnerung an das große Versprechen für »Dick und Dünn« gibt es nichts.

Nun weiß ich wohl, dass man so ein großes Fest nicht einfach verordnen kann wie der Arzt Medizin für die Kranken. Es muss in unserem Volk ein bisschen selbstverständlicher werden, dass der Hochzeitstag mit ein bisschen mehr als nur einer roten Rose gefeiert werden sollte. Aber den Anfang, den könnten Sie doch machen! Und wenn Sie gefragt werden, warum Sie feiern, legen Sie einfach meine Zeilen hier bei.

# Wie ein junger Mann seine Geliebte ans Kloster verlor

Was tut weher: Wenn die Freundin ihrem Freund sagt, ich liebe einen anderen Mann, oder wenn sie sagt: Ich gehe ins Kloster. Ich will eine Nonne werden.

Ich wollte die Antwort wissen, ohne den jungen Mann jemals selber fragen zu können. Denn die Nonne, die mir von ihrem früheren Freund erzählte, die würde mir den Namen nicht nennen. Und das war ja auch gut so. Nun saß ich da in dem alten Kloster der strengen Schwestern und ließ mir erzählen, wie der junge Mann damals immer wieder an die Klosterpforte klopfte, um seine Geliebte wenigstens noch einmal zu sehen. Einmal und noch einmal. Und wie der Trennungsschmerz wieder da war. Und wie das Herz langsam, ganz langsam an dieser Stelle taub wurde.

Und wie sie sich damals begegnen mussten. Sie, die Novizin, eingekleidet in ihre schwarze Tracht mit dem weißen Schleier! In einem Besuchszimmer des Klosters saßen sie sich gegenüber. Auf gebrauchten Polstermöbeln. Die waren wohl aus der Erbmasse einer alten Dame dem Kloster vermacht worden. Nichts Einladendes.

Und nur eine Tasse Tee auf dem Tisch. Für den Gast! Den Fremden! Denn essen und trinken, lieben und leiden, beten und wachen, das tat sie mit ihren neuen Schwestern.

Und er, der Geliebte, der Freund, hatte noch einmal versucht, sie für ein Leben mit ihm zu gewinnen. Aber sie lächelte nur und berührte seine ausgestreckten Hände nicht. Und doch war sie dankbar für seine Besuche. Sie war sich in diesen Augenblicken erneut ganz sicher, sich ganz in die strengen Regeln des Klosters zu begeben. Sie brauchte Ordnungen und kein Chaos. Deswegen war sie hier. Sie war nicht vor der Liebe geflohen. Auch nicht vor Sexualität. Sie war überhaupt nicht geflohen.

Sie war hier, um ihre großen Begabungen durch Disziplin vertiefen zu können. Das Kloster würde das größte Abenteuer ihres Lebens werden. Sie war entschlossen, dem alles zu geben, von dem sie alles hatte. Und er, ihr Geliebter? Er hätte sich nicht träumen lassen, eifersüchtig auf ein Kloster zu sein. Aber so war es wohl.

## Wie der Himmel eine alte Globetrotterin zur Mutter machte

Sie war genauso wenig unfruchtbar wie Maria. Sie war nur die Einzige unter ihren Geschwistern, die kein Kind hatte. Und diese Situation muss ihr in ihrer Tiefe eine Menge ausgemacht haben.

Und als der fremde Mann in einer fremden Sprache zu ihr sprach und ihr zu verstehen gab, dass sie Mutter werden würde, ohne mit einem Mann geschlafen zu haben, da war das Gefühl ganz deutlich da, dass eine andere Wirklichkeit in ihr Leben eindringen wollte. Sie nannte den fremden Mann nicht Engel. Obwohl er einer war, wenn man genau darauf achtet, was Engel zu tun haben: Der Mann überbrachte ja nur eine Botschaft des Himmels.

Und der hatte sich die Frau aus dem fremden Europa ausgesucht, einem winzigen Findel aus einem scheinbar gottverlassenen nepalesischen Dorf Mutter zu sein: Sie hat nicht gleich Ja gesagt wie Maria. Was sollte sie, die alte Globetrotterin mit einem kleinen Menschenbündel? Sie wollte nicht und setzte sich auf ihr verbogenes Fahrrad, was auch nur ein Drahtesel ist, und fuhr weg, weit weg in die äußersten Berge. Es half nicht. Sie hatte die Augen des Kindes gesehen und die riefen sie zurück.

Als sie Monate später wieder im Dorf auftauchte, führte man sie in eine Hütte. Der Tee war schon fertig. Man hatte sie erwartet. In dieser Woche, an diesem Tag, zu dieser Stunde. Merkwürdig! Da griff eine Wirklichkeit nach ihr und sie konnte sich nicht entziehen. Da nahm sie das Kind, das keine Eltern hatte und deren Geschwister die Tuberkulose auch dahingerafft hatte, auf den Arm. Vorsichtig, wie eine unendliche Kostbarkeit von einem fremden Stern.

Sie würde das ganze Jahr hier im Dorf bleiben müssen, um vorsichtig den zarten Wurzeln des Kindes nachzugehen. Einer nach der anderen! Um sie dann eines Tages zu fragen, ob sie mit nach Europa kommen würde. So ist es dann auch gekommen. Und die stolze alte Mutter ohne Mann weiß besser als manche andere Mutter, dass wir alle unsere Kinder nur geliehen bekommen haben, anvertraut von einem gnädigen Himmel.

# Nach dem Streit mit meiner Tochter gebar ich im Traum ein Kind

Manchmal darf man schon mitten im Leben aus dem Lebensbuch lesen, das für alle Menschen erst auf ihrer Himmelfahrt, also am Ende des Erdenlebens, gelesen wird. Es ist nicht mit Buchstaben geschrieben. Es besteht aus Bildern und Filmen. Gespeichert in unseren Seelen.

Ich träumte in der Nacht nach dem Streit mit der Tochter. Ich träumte, ich bekäme ein Kind. Ein Mann gebärt ein Kind! Das kann nur ein Traum sein. Und ich nehme das Kind an die Brust und nähre es. Später wickle ich es. Und jetzt, wo ich nicht mehr träume, fällt mir auf, dass die Windeln nicht weiß sind. Sie sind eher rötlich. Und dann lege ich mein Baby unter den großen Kleiderschrank auf den Parkettfußboden. Dicht bei dem weißen Heizkörper. Dann gehe ich.

Später im Traum überlege ich, wo ich mein Baby hingelegt habe. Mir fällt es nicht ein. Ich habe ein Kind geboren und weiß nicht, wo ich es hingelegt habe. Was bin ich für ein Vater! Rabenvater! Ich suche in der Wohnung und finde es unter dem Schrank mit den hohen Beinen. Aber das Kind bewegt sich nicht. Es ist tot! Und ich bin schuld! Aber da! Es bewegt sich der Kleine, der aus der Windel herausschaut. Es lebt! Und ich nehme es vorsichtig wieder auf den Arm. Mehr weiß ich nicht mehr. Der Traum war vorbei.

Und ich schaue ihn jetzt an wie den Spiegel meiner Seele. Träume sind die Fotos der Seele. Und ich sehe viel klarer als gestern im Streit, wie ich fertig war mit meinem Kind. Wie ich es leid war, mich um sie zu kümmern! Soll sie doch sehen, wie sie durch die Nacht kommt, mit ihrem dicken Kopf, der sich gegen den Vater auflehnen will.

Gut, so ganz in die Ecke habe ich sie nicht gelegt. Die Heizung war in ihrer Nähe. Aber über ihrem Leben schwebte geradezu die Schwere des mächtigen Kleiderschranks. Das war ich! Der Kleiderschrank war ich. Ich und mein Druck.

Ich hatte sie nicht nur im Traum einfach stehen und liegen lassen. Im richtigen Leben auch. Und als ich mich endlich wieder eingekriegt hatte in meiner Wut, bin ich zu ihr zurück. Immer in der Hoffnung, dass sie nicht allzu sehr unter unserem Streit gelitten hätte. Das hatte sie wohl auch nicht. Wie das Baby im Traum begrüßte sie mich am nächsten Morgen mit Hallo Papa!

# Pioniere der Liebe – mit 75

Sie war ihrem Mann ihr ganzes Leben lang treu geblieben. Auch in den letzten Jahren, als seine Krankheit und sein Grollen sie aus dem gemeinsamen Bett vertrieb, dachte sie nicht im Traum daran, sich abzuwenden. Und als er starb, starb er in ihren Armen. Sie begrub ihn, und die frischen Blumen auf seinem Grab waren – natürlich – von ihr. Und dann und wann ging sie auch zum Pfarrer, damit er für ihren Mann bete. Denn sie hielt nichts davon, dass die Toten tot sein sollten. Sie wusste es besser. Schließlich sprach sie so manche Nacht mit ihm. Da war sie schon über siebzig. Und es wäre wohl alles gekommen, wie es immer kommt, wenn es nach den Erwartungen der Leute ginge: Sie würde wohl auch bald sterben und dann läge sie neben ihm und alles wäre vorbei.

Doch das Leben und die Liebe richten sich nicht nach den Erwartungen der Leute. Es ist nie aller Tage Abend! Kein Fluss hört auf zu fließen. Keiner! Und auf einmal wird von ferne auf dem Schachbrett ihres Lebens ein Mann neben sie geschoben. Wo kommt der denn her? Wer schickt ihn? Das Schicksal? Heißt es Schicksal, weil man in manchen wichtigen Augenblicken das Gefühl hat, etwas geschickt zu bekommen? Er ist Witwer, wie sie Witwe ist. Und ein Jahr älter als sie, sechsundsiebzig. Das sagt er, bald nachdem er sich vorgestellt hatte. Schon ist der Anfang gemacht.

Das Leben und die Liebe richten sich auch nicht nach den Erwartungen der frommen Priester und Prälaten: Denn nach all den trockenen und vertrockneten Jahren ihrer Ehe spürt die Witwe, als sie an ihn denkt, dass die Liebe auf einmal in ihren Körper zurückfließt. Und sie erschrickt. Dabei sorgt sie sich weniger um ihren Körper – obwohl das plötzlich zurückkehrende Leben ihr auch als aufregendes Wunder erscheint. Es sind mehr die engen Grenzen ihrer Erziehung und Kirchlichkeit, die nicht für möglich halten, was doch wahr ist: Sie ist weit über siebzig und liebt einen

Mann mit Herz und Mund und Händen wie eine Siebzehnjährige! Vielleicht sogar tiefer.

Was wird jetzt aus den Verboten der Kirche, die die Liebe nur unter Eheleuten erlauben? Und auch dann nur, wenn aus der Liebe Kinder gezeugt und geboren werden können? Was für ein Unsinn, – ihr Mann liegt auf dem Friedhof! Und wenn sie ihn in mancher Nacht betend um Rat fragt, scheint er sie sogar zu der neuen Liebe ermutigen zu wollen. So großzügig sieht man wohl nur vom Himmel auf die Erde! Warum nur denkt man im Himmel so weit und grenzenlos über die Wege der Menschen?

Als sie sich zum ersten Mal lieben, sie mit fünfundsiebzig und er noch ein Jahr älter, spricht sie vorsichtig mit ihrem neuen Mann über ihre Hemmungen. Er streichelt ihre grauen Haare und sagt: »Vielleicht sind wir beide Pioniere.« Wie Abenteurer, die einen neuen Kontinent entdecken, von dem die alte Welt dachte und lehrte, da gäbe es nur ewiges Eis und keine Wärme und Liebe. »Schlaf gut, Liebes, und sei beschützt ...«

# Geschenk eines fast 80-Jährigen an sein neugeborenes Kind

Der Mann war über siebzig und erzählte mir von seinem dritten Kind. Ein Säugling, ein Mädchen von wenigen Monaten. Und er, der Vater, ging wohl oder übel auf die achtzig zu.

Träumen lassen hätte er sich das nicht, als er selber jung war und heiratete und zum ersten Mal Vater wurde. Und als er vor mehr als zehn Jahren zum zweiten Mal eine Frau traf, die er heiratete, war von Kindern auch nicht groß die Rede gewesen. Aber die Frau war jung, und die Liebe zählt keine Jahre. Und dann war es gekommen, wie es eben gekommen war. Die erste Schwangerschaft, dann die zweite und jetzt das dritte Kind.

Er erinnerte sich noch daran, wie er vor vielen Jahren zum ersten Mal Vater wurde und sich oft Tag und Nacht Sorgen gemacht hatte, wie er denn die junge Familie durchbringen könnte. Jetzt, mit siebzig, hatte er solche Gedanken überhaupt nicht mehr. Nicht, dass er eine fette Pension bekam. Keine Spur! Er war immer noch Freiberufler, der auf seine Groschen aufpassen musste. Aber das Leben hatte ihn jetzt sieben Jahrzehnte studieren lassen, wie denn das Leben läuft. Und da konnte er partout nicht entdecken, dass das große Leben sich nach den Sorgen und Nöten eines kleinen, deutschen Schreiberlings richtet. Das Leben schien einfach nur da zu sein. Auch für dieses neue Kind, das er in den Armen halten durfte.

Die Alten haben eben den Vorteil, dass sie einen Großteil des Lebens überschauen können. Und wenn es auch nur die Rückschau ist. Aber auch da kann man etwas erkennen. Wie Mosaiksteine legten sich die dunklen Tage seines Lebens neben die hellen und ergaben ein Bild. Nein, es war kein Bild, sie ergaben ein Gefühl. Ein Gefühl, wie es Kinder haben, die die Sorgen noch nicht kennen, weil sie ja Vater und Mutter haben.

Genauso ein Gefühl hatte er im Laufe des Lebens wieder bekommen. Und jetzt dieses Kind! Warum sollte er sich sorgen um das Kind? Weil er so alt ist? Er würde wohl kaum so alt werden, um zu sehen, wie sein Säugling erwachsen auf eigenen Beinen stehen könnte. Aber er empfand sich alt genug, sein Kind, sein neues Geschenk, mit seinem anderen Gefühl vertraut zu machen. Er nahm es liebevoll auf seinen Arm.

Man muss wohl weniger mit beiden Beinen im Leben stehen, um sich keine Sorgen mehr machen zu müssen. Man muss sich tragen lassen.

## Martin Luthers »Dr. Käthe« – Geburtstag einer großen Frau

»Mönch heiratet Nonne!« Genauso wäre die Überschrift gewesen, wenn es die BILD-Zeitung vor über 500 Jahren schon gegeben hätte. Der Skandal aller Skandale war damals perfekt! Denn der Mönch war nicht irgendwer und die Nonne auch nicht. Der Mönch war der junge Theologie-Professor Martin Luther, der sich schon mit dem Papst angelegt hatte. Und das nicht wie heute, wo man ungestraft eine freche Lippe riskieren kann, wenn es gegen den Papst geht. Das geschah zu den unseligen Zeiten der brennenden Scheiterhaufen. Und vom letzten Mann, der gegen den Heiligen Vater aus Rom gewettert hatte, konnte man noch den Geruch seines verbrannten Körpers in Konstanz riechen. Und ausgerechnet dieser wahnsinnige Luther rüttelt nun am größten Tabu der katholischen Kirche, an Lust und Liebe, an Sexualität und Erotik.

Da fragt sich nur, welche Frau da mitmacht? Welche Nonne heiratet der da? War die verrückt oder aus demselben Holz wie Luther?

Sie war aus demselben Holz wie ihr Martin. Wenn nicht sogar noch ein bisschen verwegener. Vor genau 500 Jahren wurde sie in eine verarmte Adelsfamilie geboren. Sie hieß Katharina von Bora, die Reine, und riss doch aus ihrem Kloster aus. Eine wunderbar verrückte Frau.

Welche Frau türmt schon mithilfe von ein paar fremden Männern mitten in den durchbeteten und durchwachten Osternächten aus dem Kloster? Und als man sie unter irgendeine neue Männer-Haube verheiraten will, da sagt sie: »Nein!« Sie weiß genau, was sie will. Sie will den Mann haben, der über alle Zeiten hinweg zu den bedeutendsten Männern des ganzen Jahrtausend gezählt werden sollte. Sie will Luther. Und sie kriegt ihn.

Wie muss das gewesen sein, als sie sich das erste Mal liebten und erkannten? Wie hat sie ihrem Mann später mit den vielen Kindern das Windelwickeln beigebracht? Und wie hat sie Mittag für Mittag die ganze Männergesellschaft satt gekriegt, die ihr Mann mit ins Haus schleppte? Und wenn die Herren wieder einmal zu ausfällig wurden, da reichte ein kluges Wort von ihr und die »Macher« der größten Revolution Europas wurden ruhig. Luther nannte die nicht nur theologisch Hochgebildete respektvoll »Herr Käthe« und sagte: »Ein Dr. Käthe ist mir lieber als ein naives Käthchen.« Und wenn die Herren Professoren einmal wieder ins Wolkenkuckucksheim hinein diskutierten, holte sie sie mit dem Geschrei der Kinder auf die Erde zurück. »Dr. Käthe« hatte alles fest im Griff. Und als ihr Mann starb, brachte sie ihre gemeinsamen Kinder durch.

Bei der größten Umwälzung im zu Ende gehenden Mittelalter stand wie so oft hinter dem großen Namen eines großen Mannes eine große Frau.

# *Schicksale*

## Von verlorenen Söhnen und weinenden Müttern

## Der Pater in der Mörder-Zelle

»Bring mir den Mörder, und ich hol dich hier raus!«, sagte Pater Vincent in aller Ruhe zu dem Lebenslänglichen. Denn wieder einmal sitzt er in einer engen Berliner Gefängniszelle einem Menschen gegenüber, der klagt, dass er unschuldig hier sitzen würde. Es müsse ein Irrtum sein. Ein anderer müsse der Mörder sein, sagt der Gefangene. Irgendein anderer unbekannter Mann! Er sei unschuldig! »Verdammt noch mal, glaubt mir denn keiner?« In seiner Verzweiflung hat er schon oft überlegt, wie er seinem Leben ein Ende machen könnte. Den Gürtel nehmen und an den Fensterrahmen knüpfen oder an die Heizung – und dann einfach fallen lassen ... Und nur ein Gedanke hat ihn daran gehindert: Alle würden sagen, er sei der Mörder! Und seine Unschuld käme nie ans Licht.

Der Gefangene hat nach dem kleinen dicken Pater rufen lassen. Wie er da von Zelle zu Zelle geht, in der schwarzen Kutte und mit dem Rosenkranz am Gürtel, ist er für viele Gefangene hier die letzte Hoffnung. Er richtet nicht. Er verachtet nicht. Er betet auch nicht gleich. Er versucht zu vertrauen, weil auch ihm von den Gefangenen Vertrauen geschenkt wird. Und weil er das weiß, geht er wieder und wieder in ihre Zellen und hört sich ihre Geschichten an. Zum wievielten Male eigentlich ist er hier in der Zelle des Unschuldigen? Sollte der Mann wirklich unschuldig sein – könnte er als Pater ihm helfen?? Er ist doch kein Staatsanwalt und kein Kripo-Mann! Aber wie er da so sitzt, mit seinem grauen kurzgeschorenen Haar auf dem Stuhl in der Zelle, ähnelt er dem legendären Pater Brown aus dem Kino. Er weiß das, und der Ruf kommt auch nicht von ungefähr.

Am besten, er verabredet sich einmal wieder mit einem dieser Spürnasen von der Lokal-Presse, denkt der Pater. Wenn einer neben der Kripo und irgendwelchen unbezahlbaren Detektiven helfen könnte, dann nur die Jungs von der Presse! Vielleicht ist etwas dran an der Unschuld des Gefangenen? Das kommt doch vor! Hat nicht neulich erst in der benachbarten Haftanstalt einer jahrelang unschuldig gesessen? Einer, der bei der Kripo resigniert einen Mord an einer älteren Frau gestanden hatte, den der wirkliche Mörder dann acht Jahre später zugab? Kann doch vorkommen! So wie es die Wunder des Himmels gibt, so gibt es doch auch die schmutzigen Tricks des Teufels.

Die Jungs von der Presse müssten da und dort vielleicht ein bisschen bohren, versorgt mit seinem Wissen. Und wenn sich die Merkwürdigkeiten häuften, müsste ein Anwalt gefunden werden, der sich der vertrackten Sache des Unschuldigen annähme. Aber selbst dann wäre die Schlacht um Schuld oder Unschuld nicht gewonnen. Dann kommt der eigentliche Brocken. Dann liegt die Arbeit wieder ganz in des Paters Hand. Er muss dem Mann aus der Zelle ein Beistand sein, wenn der Sturmwind der Verhandlungen, Gericht und Anwälte ihn zu zerbrechen drohen. Er muss sein Fürsprecher sein, wenn er keinen Ton herausbringen kann. Und er muss ihm ein Tröster sein, damit er in den entscheidendsten Augenblicken seines wiedergewonnenen Lebens nicht verrückt wird. Der Pater schmunzelt: »Tröster, Fürsprecher, Beistand – das sind ja so die, ›Berufsbezeichnungen‹ des Heiligen Geistes. Also liegen wir richtig!«

Und vielleicht bringt der auch den Mörder ans Licht.

# Darf man in der Not eine Hellseherin fragen?

Die alten Eltern hatten schon Wochen und Monate nach ihrer erwachsenen Tochter gesucht. Sie war für ein paar Tage nach Antalya gefahren und nie wieder aufgetaucht. Und weil mich der Vater bat, auch übers Fernsehen nach seinem Kind zu suchen, hab ich das auch getan. Mit allen Mitteln, die mir einfielen! Wir haben mit dem türkischen Fernsehen nach ihr geforscht. Wir haben Hunderte von Plakaten gedruckt und um Antalya herum verteilt. Wir haben alles gemacht. Alles und noch ein bisschen mehr! Denn zusätzlich zu diesen Suchmeldungen hatte ich eine Wahrsagerin ins Studio gebeten. Mir war eingefallen, dass sogar die Polizei in aussichtslosen Fällen sich dann und wann von einem hellsichtigen Menschen einen Tipp geben lässt. Und auch wenn es mir schwer fiel, an die Kraft der Hellseherin zu glauben, schaden konnte es ja auf keinen Fall.

Und so kam sie, pendelte über einem Foto der verschwundenen Tochter, betete und betete und sagte dann, dass sie davon überzeugt sei, dass das Kind lebt. Auch würde es in einigen Monaten auftauchen.

Die Eltern atmeten leise, ganz leise auf. Der Funken der Hoffnung, den sie immer hatten und auch immer haben werden, war wieder angeblasen worden. Solange wie das Kind nicht tot irgendwo gefunden würde, solange würden sie immer hoffen, so wie jetzt.

Das ist nun drei Monate her. Und die drei Monate waren nicht so einfach für mich. Denn es brach ein Sturm der Entrüstung unter den Frommen im Lande los, wie denn ein Pfarrer eine veritable Wahrsagerin um Rat fragen könnte. Und wo man sich über mich beschweren konnte, da tat man es auch.

Dabei war für mich die Sache im Grunde ganz einfach. Ich tat das, was ich für meine Tochter auch getan hätte. Denn wenn es wirklich meine Tochter wäre, die seit Monaten wie vom Erdboden verschluckt gewesen wäre, ich hätte alles, aber auch alles in Bewegung gesetzt, um sie zu finden. Auch eine Hellseherin hätte ich gerufen.

In Zeiten der Not greift doch fast jeder nach jedem Strohhalm. Wenn es um Tod und Leben geht, wird doch der Schulmediziner zum Gesundbeter und der Gesundbeter zum Schulmediziner. Wo es um Tod und Leben geht, weitet sich eben auch der Horizont und man probiert Dinge, über die man früher nur gespottet hat. Vielleicht wird der Horizont sogar so weit, dass man wieder in seiner Heiligen Schrift liest. Da steht eine Menge Spannendes drin über »Seher« und »Hellseher«. Es funktioniert also! Es kommt nur darauf an, dass man sich dem verborgenen Wissen über das, was noch im Dunkel der Zukunft liegt, aus tiefer Not heraus demütig und mit Furcht und Zittern nähert. Denn es tut der Menschenseele normalerweise nicht gut, alles zu wissen, was an Schrecklichem passiert ist und was passieren wird. Aber für die Ausnahmen war der Himmel immer schon offen.

# Wie ihr »verlorener« Sohn eine Frau vor dem Selbstmord bewahrte

Es kann sein, dass die Frau, die wohl gut über sechzig ist, ihrem Leben selbst ein Ende setzt. Es kann sein. Wir haben darüber gesprochen. Und ich habe ihr gesagt, dass ich sie nicht daran hindern werde. Auch, wenn unsere Gesetze mich daran hindern wollen. Aber für einen Pfarrer, der einen verzweifelten Menschen begleiten soll, ist es fast so etwas wie eine »Geschäftsgrundlage« oder eine Vertrauensgrundlage, auf der ein Mensch erst anfängt, die Karten seines Leben auf den Tisch zu legen. Alle Karten!

Also, lasst uns sehen! Und was sehe ich, was du nicht siehst? Und dann erzählt sie von ihrem Mann, der viel zu früh sterben musste und sie mit ihren Kindern allein ließ. Was hatte sie damals für eine Wut auf ihn gehabt! Und dann starb der schon erwachsene Sohn bei einem Unfall. Und es war Sommer. Aber nicht für sie. Und dann, in diesem Jahr, starb die große Tochter. Auch im Sommer. Auch ein Unfall! Und sie war dabei. Und die Große wurde an demselben Tag beerdigt wie der Sohn. Da hatte sie nur noch einen Sohn. Aber der, der war für sie und die Familie längst »gestorben«. Er war für alle das schwarze Schaf. Da war die Mutter des Lebens und Leidens müde und würde so gerne bei denen sein, die sie liebte, und die in den Träumen der Nacht zu ihr kamen, um bei ihr zu sein.

Und nur eins hielt sie zurück: Das konnten nicht alles reine Zufälle sein, das mit dem Mann, dem Sohn und der Tochter! Und dann dasselbe Beerdigungs-Datum der Kinder! Was war das? Das war doch was, was sie nicht verstand. Das schien doch eher ein Rätsel zu sein, das entschlüsselt werden wollte. Und wenn sie jetzt ging, müde wie sie war, würde sie zu den Kindern und ihrem Mann kommen, wie eine, die mitten im Lebensrätsel keine Lebenslust mehr hatte. Sie würde als Verliererin kommen und nicht als ein Mensch, der es geschafft hatte, die Rätsel des Lebens zu lösen.

Und wenn nicht zu lösen, dann mindestens auf eine Lösung zu warten. Nein, so würde sie nicht von dieser Erde gehen wollen. Aber wo, um Himmels willen, sollte sie den roten Faden des Lebens wieder aufnehmen können?

Die Frau schaute mich fragend an. Ich habe ihr nicht geantwortet. Ich habe nur mit dem Kopf genickt. Denn man konnte sehen, wie es in ihr arbeitete. Sie musste da den Faden des Lebens wieder aufnehmen, wo es ihr am schwersten fiel: bei ihrem »schwarzen Schaf«, bei ihrem verlorenen Sohn. Der, obwohl für sie gestorben, noch lebte. Denn wie will man als Familie im Himmel Frieden finden, wenn einer davon auf Erden keinen Frieden finden kann?

# Zehn Jahre (k)eine große Liebe

Ich könnte dem lieben Gott eine Adresse in Mecklenburg-Vorpommern nennen, wenn er jemanden sucht, der ihm gefallen könnte. Da wohnt nämlich ein junger Vater mit seinem behinderten Sohn zusammen. Und die beiden sind ein Herz und eine Seele.

Ach, wie viele Väter habe ich in den letzten Jahren kennen gelernt oder von ihnen gehört, die weggelaufen sind von Frau und Kind! Weggelaufen, weil das Kind behindert auf die Welt kam. Weggelaufen von der Arbeit! Weggelaufen von der Aufmerksamkeit, die ein behindertes Kind braucht wie die Luft zum Atmen und Brot zum Essen.

Dieser Vater ist aber anders. Da trennten sich auch die Wege zwischen Mann und Frau. Und der behinderte Sohn zog fast wie üblich mit der Mutter mit. Aber merkwürdig! Der Junge, der seit seiner Geburt nicht laufen kann und im Kindergarten schon im Rollstuhl saß, wollte nicht essen. Er verweigerte die Mutter Nahrung bei der Mutter. Er war eben Papas Kind! Und weil sich der Papa nicht verleugnen ließ mit tausend männlichen Ausreden: Von wegen »Arbeit und Kinder gehören zur Mutter«, zog der Junge wieder bei seinem Vater ein. Und so leben sie schon zehn Jahre lang zusammen.

Was das für ein Einsatz ist, brauche ich keiner Mutter eines behinderten Kindes verraten. Aber vielleicht sollten es ein paar Väter wissen. Das heißt nicht nur aufstehen, Kind wecken, anziehen, Wäsche waschen, etc. Das heißt auch jedes Mal den Jungen aus dem Rollstuhl heben, wenn andere Jungen nur mal kurz Pipi machen gehen. Das heißt mit dem Jungen spielen, wenn andere Jungen nur kurz vor die Tür gehen, um ein wenig zu bolzen. Aber man hat sie als Vater und Mutter für ein paar Augenblicke »aus den Beinen«. Und man kann Luft holen. Hier aber ist alles anders.

Und ich habe den jungen Vater auch traurig gesehen. Zehn Jahre für den Jungen da sein, hieß eben auch: Zehn Jahre keine Kumpels! Zehn Jahre keine große Liebe! Zehn unwiederbringliche Jahre, in denen alle Kraft in den Jungen floss.

Und wofür? Hört sich komisch an. Erst recht vielleicht für Leute aus den Neuen Ländern. Dafür, dass wir alle die Maßstäbe nicht dafür verlieren, was ein Mensch ist.

Denn nach den alten Legenden schaut sich der Vater im Himmel nach solchen Menschen um. Er sieht sie und erbarmt sich dann über die ganze Welt.

# Von Traumtänzern und Perlenwerfern

Wie eine heiße Kartoffel hatte ihr Mann sie fallen lassen. Schluss, aus, vorbei! Und das aus heiterem Himmel.

Viele Jahr waren sie zusammen gewesen. Ganz ohne Trauschein. Was in ihren Kreisen schon etwas bedeutete. Man achtete sonst sehr auf Moral. Aber wie Traumtänzer hatten sich die beiden darüber hinweggesetzt. Und wenn sie irgendwo eingeladen waren, tanzten sie ebenso verliebt wie verrückt in den Morgen. Es war ein schönes Paar. Und niemand auf der Welt hätte gedacht, dass er von heute auf morgen Schluss machen würde.

»Ich liebe dich nicht mehr!«, hatte er ihr gesagt, ganz nüchtern – und sie dann stehen lassen. Vom Donner gerührt. Kein Wort mehr. Und irgendwie stand sie vier Wochen später, als sie zu mir kam, immer noch an demselben Punkt. »Ich liebe dich nicht mehr!« Da konnte sie keinen Schritt mehr tun. Die Erde schien sich unter ihr aufzutun, um sie zu verschlingen. Und sie fiel. Fiel in ein tiefes Loch. Und da fand ich ihre Seele. Verstört. Ohne Orientierung. Wo der Grund fehlt, fehlt auch der Himmel. Denn je tiefer das Loch, desto weniger Himmel kann man sehen. Und da, ganz unten, bat ich sie zu erzählen.

»Weggeworfen hat er mich! Wie ein Stück Dreck! Danke, das war's! Nur diesmal ohne Danke! Wie eine Hure! Wie ein Schwein!« Tränen liefen ihr die Wangen herunter. Und weil ich sie seit Jahren kannte, ahnte ich, dass es nicht nur der Schmerz war, weggeworfen worden zu sein. Schließlich war sie über vierzig. Und welche Frau ist sich da schon ganz sicher, dass noch einer kommt, der sie wirklich liebt.

»Du willst wissen, warum er dich weggeworfen hat?«, fragte ich sie. Und sie nickte. »Ich weiß es nicht! Ich kenne ihn ja auch nicht, deinen Mann. Und ich will es auch gar nicht wissen. Und du, du solltest deine Kraft nicht darauf verwenden, herauszukriegen, warum ein anderer

Mensch dich so behandelt. Es gibt eben Männer, die es nötig haben, mit Perlen zu werfen. Selbst wenn die Perlen Menschen sind. Und du scheinst eine zu sein!«

Sie schaut auf. »Wieso bin ich eine Perle?««Weil du dich fühlst, als wenn dich einer zu den Schweinen geworfen hätte. In den Dreck. Das waren doch deine Worte eben. Und da gibt es seit Jesu Zeiten die Geschichte vom Perlenwerfer, den Perlen und den Säuen. Und kaum einer, der heute davon spricht, dass jemand ›Perlen vor die Säue wirft‹ macht sich klar, dass dieses alte Jesu-Wort weder die Perlen noch die Säue beschimpft, sondern den verrückten Perlenwerfer. Könnte es denn sein, dass Jesus die Geschichte auch für dich erzählt hat?«

Da lächelt sie vorsichtig. Und ein kurzes Leuchten geht über ihr Gesicht. Sie weiß, dass sie eine ganz besonders kostbare Perle ist. Vielleicht sogar ein Diamant. Warum sonst hatte das Leben sie oft so hart rangenommen, wenn nicht, um sie zu schleifen? Und die Geschichte mit dem verrückten Perlenwerfer war nur eine neue Facette.

# Das Hochzeitsgeschenk schien wie ein Fluch

Ihre Mutter hatte der jungen Frau das Kostbarste zur Hochzeit geschenkt, was sie hatte. Es war kein Gold, es war kein Silber und es war kein Geld. Ein kleines, vergilbtes Kartenspiel drückte sie ihrem Kind in die Hand. Und ihre Augen suchten dabei die Augen ihrer ältesten Tochter.

Und die Tochter konnte in den Augen der Mutter alles lesen, was sie sagen wollte, ohne es sagen zu können: »Nimm dieses besondere Geschenk von mir. Du weißt, dass ich es mir vom Herz reiße. Schließlich sind es besondere Karten. Auf jeder Karte ein biblischer Spruch. Wenn du, mein Kind, wie ich in eine besondere Notsituation kommst, dann nimm diese Karten und misch sie und zieh eine und lies! Genau wie ich es getan habe, als dein Vater nicht mehr aus dem Krieg nach Hause kam und alle sagten, er sei tot. Und ich nahm die Karten und mischte sie und zog den Spruch, der mir Geduld auferlegte. Und ich wusste, dein Vater kommt zurück. An diesem besonderen Tag deiner Hochzeit kann ich dir kein goldenes Kettchen schenken und auch kein volles Konto als Mitgift für deine Ehe. Aber ich gebe dir meinen Rategeber und Tröster und Beschütze. Nimm das Kartenspiel. Gott soll dich schützen mit seinen Trostworten!«

Jahre später machte die Braut den ersten Versuch und erschrak. Ganz tief unten in ihrer Ehekrise schienen die Karten den Stab über sie zu brechen. Wie einen Fluch las sie den Spruch, den sie wie zufällig aus dem Kartenhaufen gezogen hatte. Von Strafe war da die Rede und von Zerbrechen. Und als ihre Ehe wirklich zerbrach, führte sie alles auf die fromme Karte zurück. Da rührte sie die Karten nicht mehr an. Und als ihre Kinder nicht mehr da waren, tauchte wieder diese dunkle Karte auf. Ihre Mutter hatte sie am Hochzeitstag ungewollt nicht gesegnet, sondern sie, wie ihr schien, mit einem Fluch versehen.

In dieser Not rief sie mich an. Und nachdem sie mir ihre ganze Geschichte erzählt hatte, blieb für mich nur ein Ausweg. Wir müssten wie bei Dornröschen auf den vermeintlichen Fluch einen ebenso geheimnisvollen Segen pfropfen. Genau wie bei Dornröschen konnte man den Fluch nicht ungeschehen machen. Aber vielleicht konnte man ihn mit Segen mildern? Statt Sterben, hundert Jahre schlafen und leben! Statt Strafe und Zerbrechen, nun der Spruch, dass der Himmel »das geknickte Rohr nicht zerbricht« oder die »Klage verwandelt in Reigen«? Fragt sich nur, wie man auf diese biblischen Trostsprüche auf ebenso zauberhafte Weise kommt wie auf den dunklen Spruch der Mutter?

Da fiel mir ein Brauch aus meiner Kindheit ein. Mit einer Stricknadel und geschlossenen Augen hatten wir in der Bibel herumgestochert, hatten mit der Nadelspitze irgendeine Seite erwischt und aufgeschlagen. Und da, wo auf der aufgeschlagenen Seite die Nadelspitze hin zeigte, würde oder könnte ein Wort stehen, das weiterhilft.

Ich erzählte ihr davon und bat sie, es zu versuchen, nicht ohne vorher die Hände zu falten und um ein solch zauberhaftes Trostwort zu bitten. Sie fand es – und es wirkte. Versuchen Sie es auch!

# »Ich konnte Sie leider nicht in die Sendung nehmen«

Liebe Frau X,

ich habe Sie in meiner Sendung nicht auftreten lassen. Wiewohl Sie schon fürs Fernsehen geschminkt waren, sich als junge Ärztin extra von Ihrem Arbeitgeber, einem Krankenhaus, einen Tag frei genommen hatten und Ihr »Fall« tatsächlich zum Himmel schreit.

Sie hatten mich wissen lassen, dass Ihr Ex-Ehemann Sie mit einem Ehevertrag ruiniert. Blind vor Liebe hatten Sie ihn wohl ein paar Stunden vor dem Standesamt unterschrieben und ihn nicht einmal durchgelesen. Ihr Mann hatte wohl wie selbstverständlich gemurmelt, in seiner Familie sei das seit Generationen üblich. Und erst als die Ehe zu Bruch ging, haben Sie in den Paragraphen gelesen, dass Ihnen und Ihren Kindern jetzt wenig bleibt. Jetzt wollen Sie Ihr Recht. Und ich soll Ihnen dabei helfen.

Nun, Ihr Mann ist Rechtsanwalt. Und da wird die Sache kompliziert. Wer klagt schon gerne gegen einen Rechtsanwalt. Und wer klagt schon gerne gegen einen guten Rechtsanwalt? Und wer schon gerne gegen einen, der es in Rekordzeit schafft, Sie, liebe Frau X, auch vor höchsten Instanzen abblitzen zu lassen?

Wenn Sie also gegen Ihren Ex gewinnen wollen, dann brauchten Sie in erster Linie keinen Fernsehmoderator, der sich laut und vehement und ungeprüft auf Ihre Seite schlägt. Ein Fernsehmoderator kann Ihnen nämlich nicht zu Ihrem Recht verhelfen. Das können nur Richter. Ein Fernsehmoderator könnte höchstens den Namen und den Ruf Ihres Ex ankratzen. Ich könnte ihm wehtun. Das kann ich. Sozusagen in Ihrem Auftrag. Aber das ist weder als Pfarrer noch als Moderator meines Amtes.

Es hat mir Leid getan, Ihnen das wenige Minuten vor Ihrem Auftritt so sagen zu müssen. Und ich entschuldige mich noch einmal für meine Mitarbeiter, die sich aus respektablen menschlichen Gründen für Sie stark gemacht haben und Sie zu mir einluden. Aber vielleicht finden wir auf diesem Wege einen hervorragenden Rechtsanwalt?

## Ein wahrer Traum vom anderen Ende der Erde

Er war einer der sachlichsten Männer, die mir jemals begegnet sind. Jurist war er und überzeugt davon, dass die Welt von Naturgesetzen regiert wird und von sonst nichts. Religion war ihm so eine Art Garant für gute Konzerte und Nächstenliebe. Dass die Welt aber weit draußen irgendwo zwischen Himmel und Erde regiert wird, das glaubte er nicht. Er konnte es sich auch nicht vorstellen. Bis zu jener Februarnacht vor ein paar Jahren.

Ein Traum hatte ihn aufgeweckt. So gegen fünf in der Früh. Ein weißer Personenwagen, daran erinnerte er sich, als er davon erwachte, war durch einen Verkehrsunfall zum Totalschaden geworden. Vorne und hinten zusammengestaucht wie eine Ziehharmonika. Mehr war nicht. Nur dieser Traum. Und die Bilder der Nacht wären, wie alle anderen Traumbilder wohl auch, irgendwo verschwunden, wenn der Mann nicht vier Stunden später auf der Autobahn von genauso einem weißen Auto in halsbrecherischer Weise überholt worden wäre. Da war das Traumbild wieder da. Der weiße Wagen! Zerbeult bis zur Unkenntlichkeit! Da zitterten dem Mann die Knie. Ein leichter Schauer lief ihm über den Rücken. Und weil er ein sehr berechnender, vorsichtiger Charakter war, beschloss er, die Fahrt mit der Bahn fortzusetzen. So sehr hatte es ihn erwischt. Wie ein Blitz!

Und auch diesen merkwürdigen Vorfall hätte er sicher vergessen, wenn er am Abend nicht den Anruf aus Neuseeland erhalten hätte. Am anderen Ende war sein erwachsener Sohn. »Alles okay, Vater, ich rufe aus einer Klinik an. Habe verdammt viel Glück gehab. Bin mit dem Wagen verunglückt. Totalschaden. Bei mir sind nur ein paar Knochen gebrochen. Unwahrscheinliches Glück gehabt!«

Da flog der Vater auf der Stelle um die halbe Welt, um seinem Sohn beizustehen. Und als er endlich mit ihm reden konnte, fragte er ihn, wann denn der Unfall genau passiert sei. Denn er hatte einen merkwürdigen Verdacht, dass es nach deutscher Zeit morgens um fünf gewesen sein könnte. Und so war es!

Später zeigte ihm die Polizei ein Foto des zerstörten Unfallwagens. Da schauderte es den nüchternen Juristen. Der Wagen! Der weiße Wagen aus dem Traum! Genauso wie er ihn im Traum gesehen hatte. Gleichzeitig! Der Sohn auf der anderen Seite der Erde in höchster Gefahr. Und hier der liebende Vater, dem der Himmel Nachricht brachte. Seit dieser Zeit betet der Mann anders.

## Trost für eine Mutter, deren Kind bestialisch ermordet wurde

Ihr Kind hatte man bestialisch ermordet. Und die zehn Jahre, die das her war, sind für die Mutter wie eine einzige Nacht, die nicht vergehen will. Es will einfach kein Morgen werden!

Jetzt sitzt sie neben mir, erzählt und erzählt und wird mir dabei unversehens zu einer Lehrerin über die heilenden Kräfte des Himmels. Natürlich, so sagt sie mir, hat sie sich irgendwann gewünscht und gehofft, ja sogar gebetet, dass der Mörder ihrer kleinen Tochter nicht am Leben bleibt. Und sie gesteht auch freimütig, wie ihr Mann und sie erste Vorbereitungen dafür getroffen haben. Aber irgendein Engel habe wohl immer dazwischen gestanden, damit es nicht passieren konnte. Und heute kann sie gar nicht ausdrücken, wie glücklich sie darüber ist. Später nämlich sei ihr aufgegangen, dass der Täter dann ja genau dort wäre, wo jetzt schon ihre Kleine sei. Und diese Vorstellung mache ihr mehr Angst und Grauen als irgendetwas sonst: Ihr schutzloses Töchterchen und wieder nähert sich ihr der Mörder! Ein Albtraum! Es ist ihr Albtraum!

Mehrfach hat sie in den letzten Jahren wohl auch darum versucht, zu ihrer Tochter zu kommen. Warum wohl? Die Antwort ist mir nur allzu deutlich. Aber immer sei irgendein Zufall dazwischengekommen und habe sie in dieser irdischen Wirklichkeit gehalten.

Da mache ich ihr einen Vorschlag. Ich bitte sie, an alle Mütter, Großmütter und Urgroßmütter zu denken, an alle Väter, Großväter und Urgroßväter, die schon im Himmel sind. Sie soll alle ihre Namen finden. Sie soll sie alle auf kleine Zettel schreiben und um den aufgeschriebenen Namen der kleinen Tochter gruppieren.

Meine Gedanken sind so: Wenn die andere Wirklichkeit die Mutter so in Panik versetzen kann, nur weil der Täter dort aufkreuzen könnte, dann kann der Himmel mit seinen ewigen Bewohnern sie auch schützen und trösten.

Kaum dass ich es ihr vorschlage, geht ein Lächeln über das Gesicht der Mutter. Sie hat es sich blitzschnell ausgemalt, dass ihr Töchterchen inmitten der vielen Muttis und Vatis und Großmuttis sitzt und dort okay ist. Und wenn im Himmel alles gut wird, dann muss sie sich nicht selbst darum kümmern. Es gibt schließlich auch noch eine andere Tochter auf der Erde.

## Das vierte Gebot und 300 000 Mark Schulden

Er war das einzige Kind seiner Eltern. Und weil er gerade erst konfirmiert war, hatte er sich noch keine großen Gedanken gemacht, ob Vater und Mutter mit ihrem Geschäft genug Geld verdienen. Welches Kind weiß schon um die finanziellen Nöte seiner Eltern! Es lebt und freut sich über jede Mark, die Mutter oder Vater ihm zustecken.

Das war so die Zeit, in der die Erinnerung daran, dass der Pfarrer zur Konfirmation von allen Kindern die Zehn Gebote auswendig wissen wollte, langsam verblasste. Die meisten wenigstens. Dass man aber »Vater und Mutter ehren« sollte, das war noch da, auch mit achtzehn noch, auch als er volljährig wurde.

Und als eines Abends die Eltern zu ihm kamen, um von ihm eine Unterschrift zu erbitten, zögerte er keine Sekunde. »Du sollst Vater und Mutter ehren!« Mutter und Vater waren eben mit ihrem Geschäft Pleite gegangen. Wie in diesen Jahren eben viele Pleite gehen. Und sie hatten einen

Offenbarungseid ablegen müssen. Jetzt konnten die beiden nicht mehr so ohne weiteres ein Geschäft gründen. Und die Familie würde vor dem »Aus« stehen, wenn der nun volljährige Junge nicht mit seiner Unterschrift bürgen würde. Einfach das nächste Geschäft auf seinen Namen, und die ganze Familie wäre aus dem Schneider!

Komisch war es ihm schon vorgekommen, dass er jetzt mit gerade achtzehn Jahren der Geschäftsführer einer Weinhandlung sein sollte! Wenn auch nur nach außen hin auf dem Papier! Ausgerechnet eine Weinhandlung, dachte er! Nicht einmal richtig betrunken war er bis jetzt gewesen. Also Vorbildung gleich null. Warum auch? Er würde ja nichts damit zu tun haben. Das war ja die Sache der Eltern. Er würde weiter Grafiker lernen. Und er war sogar ein bisschen stolz, ihnen mit einer kleinen Unterschrift aus der Patsche geholfen zu haben. Hatte der Pastor nicht so etwas gemeint, damals als er vom vierten Gebot sprach?

Dass die Mutter irgendwann alkoholkrank wurde, ließ sich nicht verbergen. Und wenn man als Alkoholiker sein bester Kunde ist, dauert es bis zur Geschäfts-Pleite meistens nicht lange. Von da ab dauerte es nur wenige Tage, bis die Banken und diverse Weingroßhändler an ihn, den Sohn, ihre Briefe schrieben. Die wollten von ihm die über Jahre aufgelaufenen Rechnungen von 300 000 Mark beglichen haben. Er war doch vor dem Gesetz der Inhaber der Weinhandlung. Aber eigentlich war er doch Student! Dreihunderttausend! Er hatte doch keinen Pfennig! Er hatte doch nie hinter der Theke gestanden! Es half nichts. Er musste zahlen, und kaum dass sein Leben richtig angefangen hatte, da war es schon am Ende. Hatte er den Pfarrer von damals vielleicht doch nicht so ganz richtig verstanden? Das konnte doch nicht fair sein vom lieben Gott: Erst Mutter und Vater zu retten und sich dann anschließend in seiner Verzweiflung aufhängen zu können? Er war doch damals völlig unfähig, sich gegen Mutter und Vater durchzusetzen, selbst wenn er sie durchschaut hätte. Oder war er nur deshalb unfähig, damals laut »Nein!« zu sagen, weil er keinen anderen Halt hatte als Vater und Mutter? Dann wäre es besser gewesen wie in dem Brief, den er mir schrieb, schon damals Gott um Hilfe angerufen zu haben. Einen Halt braucht doch jeder Mensch.

In diesen Tagen haben wir dem jungen Mann, der sich in den Gefühlswirren des vierten Gebots verhedderte, geholfen. Mithilfe der Banken, mithilfe vieler Weinhändler und mithilfe der Fernsehzuschauer. Denn jeder braucht mindestens eine Erfahrung, dass man von den Toten auferstehen kann.

## Russe oder Deutscher?

Der Mann, der mir da in meiner Sendung entgegenkam, wird auf Erden keine Heimat mehr finden. Schließlich ist er schon oft genug vertrieben worden, immer dann, wenn er dachte, endlich seine Heimat und sein Zuhause gefunden zu haben. Jetzt, mit seinen gut siebzig Jahren, hat er resigniert. Und er zündet die erste Kerze auf dem Adventskranz an und hofft, dass es noch eine andere Heimat geben wird, für ihn und seine russische Frau und seine russisch-deutschen Kinder. Eine Heimat, die man nur mit dem Herzen sieht und die Sprache des Herzens spricht. Und nicht Russisch und nicht Deutsch.

Geboren wurde er am Anfang der Zwanzigerjahre. Seine Mutter hatte einen jungen Mann aus Russland geliebt und geheiratet, der in den Wirren des Ersten Weltkriegs und seinen Folgen im Hessischen hängen geblieben war. Dass er Kommunist war und für die Idee einer gerechten Gesellschaft kämpfte, war damals schon verdächtig genug. Da er aber auch noch Jude war, zog er sich Anfang der dreißiger Jahre zurück nach Moskau. Seine Frau und den kleinen Sohn ließ er vorerst zurück. Er würde sie nachholen. Von Hessen nach Moskau! Und die Frau folgte ihm mit dem Kind. Welch große Liebe!

Aber als der Krieg ausbrach, war es für die drei nicht ganz ungefährlich, in Moskau deutsch zu sprechen. Und der Vater überzeugte den heranwachsenden Sohn, mit ihm zusammen Polizist zu werden. Im Schutze einer gediegenen Uniform könnten sie am besten überleben. Und als die Polizei ein Teil der Roten Armee wurde, kämpfte der junge Hesse auf einmal gegen seine eigenen Landsleute, gegen Deutsche. Zu wem gehörte er? Zu den Russen, zu den Deutschen, zu den Juden?

Das Fragen wurde noch viel schlimmer, als seine russischen Kameraden in dem perfekt deutsch sprechenden Rotarmisten einen Spion sehen wollten. Da kam er nach Sibirien. Doch von dort konnte er unter dramatischen Umständen fliehen. Er schlug sich nach Moskau durch zur Mutter. So verliebt war er in seine neue Heimat an der Moskwa, dass er gutgläubig in den Kreml ging, um von den Gräueln der sibirischen Todeslager zu berichten. Alles würde sich dann als großer Irrtum aufklären. Doch man wollte ihn nicht hören. Er konnte umgekehrt von Glück sagen, dass man ihn nicht gleich wieder dorthin, in den Tod, zurückschickte.

Er überlebte den Krieg als Rotarmist. Und er heiratete und er gründete nach dem Krieg eine eigene Familie und war entschlossen, in Russland zu leben und zu sterben. Da spürte er, alt geworden, nach dem Fall des Eisernen Vorhangs zum ersten Mal, dass es vielleicht doch eine Möglichkeit geben könnte, in das Land seiner Mutter und seiner Muttersprache zurückzukehren wie in eine Heimat. Und er machte sich auf, mit seiner alten Frau und seinem Kind.

Jetzt ist er bei uns. Nur aufgenommen wie in seiner Heimat haben wir ihn nicht. Gut, er bekommt Sozialhilfe und muss nicht verhungern. Aber ihn mit seiner Geschichte zu lieben und zu ehren und ihm Rente zu geben, wie allen anderen auch, das tun wir nicht. Und so wird er sich irgendwann aufmachen, seine wahre Heimat zu sehen. Die erste Kerze brennt. Der Vater der Juden, der Russen und der Deutschen wird ihn nicht übersehen können.

## Der Himmel wollte sie noch nicht

»Wenn du durchs Feuer musst, sollst du nicht brennen. Und wenn du durchs Wasser musst, sollst du nicht ertrinken!« Das ist ein altes biblisches Wort. Und es wird immer wieder wahr. Oft genug habe ich nur sehr symbolisch die Wahrheit dieses Satzes verspürt: Wenn ich selbst wieder durch schweres Wasser musste und dann und wann den Eindruck hatte, ich müsse über glühende Kohlen laufen. Aber dann und wann tritt das alte Gotteswort nicht nur verschleiert auf. Es kommt und wird ganz wahr. Und jeder kann es sehen. In Kiel zum Beispiel: »Wenn du durchs Feuer musst, sollst du nicht verbrennen!«

Als die junge Frau sah, dass ihre Kleidung Feuer gefangen hatte und es aus ihrer Etagen-Wohnung kein Entkommen gab, sprang sie durchs geschlossene Fenster in den sicheren Tod.

Es war nicht einmal eine Kurzschluss-Reaktion, geboren aus der Panik, mitten in der Nacht aufzuwachen und zu sehen, dass die ganze Wohnung brennt und dann kopflos aus dem Fenster zu springen. Nein! Sie war ja noch mit brennenden Haaren auf den Flur gelaufen. Aber der Ausgang war versperrt. Mit dem brennenden T-Shirt, das sie in der Nacht trug, hatte sie noch das Fenster aufgerissen, um zu sehen, ob sie springen könnte. Aber der Sturm hatte das Feuer im Schlafzimmer umso mehr entfacht und das Fenster mit lautem Knall wieder zugeschlagen. Da war sie fest entschlossen an die vom Fenster entfernteste Stelle des brennenden Zimmers gerannt, hatte sich umgedreht und zu laufen begonnen. »Spring, spring!« schlug ihr Herz. »Springen ist allemal besser als verbrannt zu werden! »Spring, spring! Denn als Krankenschwester habe ich gesehen, wie Verbrannte leiden und aussehen. Die, die noch einmal davongekommen sind. Spring, spring! Etwas Besseres als den Tod in den Flammen gibt es allemal!« Und sie glaubte, in den Tod zu springen.

So war es ihr wenigstens vorgekommen. An die Wochen im Koma auf der Intensivstation erinnerte sie sich auch nicht. Aber jetzt, wo sie die Augen wieder aufschlug, sah sie die Veränderung, die von den Glasscherben zerschnittenen Muskeln und ihr entstelltes Gesicht. Und neben dem Bett ihre Zwillingsschwester mit makellosem Gesicht. Warum war sie nicht tot? Vierzehn Meter bis zum Aufschlag auf den Boden?! Der Himmel wollte sie offenbar noch nicht. Zuerst das Feuer, in dem sie nicht verbrennt, dann der Sturz, der sie nicht tötet. Dann das Gift der verbrannten Haut, das ihr nichts anhaben kann.

»Warum sollte ich nicht sterben?«, fragt sie mich. »Ich weiß es nicht!«, antworte ich vorsichtig. Ich weiß, dass alle Fragen in dieser Zeit ohne Antwort bleiben. Ich weiß aber auch, dass jeder sie einmal finden wird.

# *Vertrauen*

## Ein Band, das nie zerreißt

# Vertrauen ins Vertrauen

»Wenn ich doch nur glauben könnte!« Diesen Stoßseufzer höre ich von Menschen, die in einer Krise stecken, immer wieder. Dabei können Sie glauben ganz einfach lernen. Glauben muss einfach sein, damit es jeder kann. Aber vielleicht ist das gerade die Schwierigkeit. Wie das geht, sagt Ihnen das Wort »glauben« am besten selbst. Es kommt von gelauben und ge-lie-ben und bedeutet: »sich etwas lieb machen, sich mit etwas vertraut machen«. Es beschreibt also eine bestimmte Form von Aktivität und nicht etwas, was den Menschen vom Himmel in den Schoß fällt.

Fragt sich nur: Womit soll man sich vertraut machen? Am besten mit dem Vertrauen selbst! Denn das Vertrauen in das Leben ist dem Menschen verloren gegangen, wenn er in seinen Krisen nicht glauben kann. Aber wie findet man es wieder? Am besten, indem Sie Ihre Armbanduhr irgendwo liegen lassen! Und nun stehen Sie da, ohne Uhr und wissen nicht, wie spät es ist. Sie wissen nicht, woran Sie sind. Sie sind jetzt ein Mensch ohne Glauben. Sie vertrauen ihren Sinnen einfach nicht, die – ohne dass Sie es noch spüren – doch ganz genau wissen, wie spät es ist. Auf fünf Minuten genau! Tag und Nacht! Wenn Sie den Weg des Vertrauens gehen wollen, lassen Sie Ihre Armbanduhr liegen. Sie brauchen sie nicht wirklich. Lernen Sie, dem Leben zu vertrauen. Das geht anfangs nicht ohne Fehler. Aber nach einer Woche haben Sie es geschafft. Ein Stück Vertrauen ins Vertrauen ist zurückgekehrt.

Lektion zwei, dem Leben wieder zu vertrauen und zu erfahren, dass es für einen sorgt, ist ebenso einfach. Jetzt geht es um Ihre Stimme. Ihre Stimme ist nämlich gar nicht zum Sprechen da, sonst hieße sie sicherlich Spreche. Aber sie heißt nicht Spreche. Die Stimme ist zum Stimmen da. Mit ihr sollen und können Sie am besten Ihre Stimmung wiedergeben. Und das geht nicht sehr gut mit Worten. Das geht aber sehr sehr gut mit Singen. Die

Stimme haben wir, um unsere Stimmung besser zu spüren. Sie ist zum Singen da und zum Klagen, zum Tanzen und zum Summen. Dafür sind alle Worte immer zu gering.

Aber wie oft benutzen Sie Ihre Stimme noch so, wie der liebe Gott oder das Leben es eigentlich vorgesehen hat? Wenn Sie das Vertrauen ins Leben zurückgewinnen wollen, dann singen Sie bitte und machen weniger Worte. Um uns zu verstehen, brauchen wir sie sowieso nicht. Liebende kommen ohne Sprache aus, Mütter ahnen ohne Worte, was mit ihren Babys ist, und alte Menschen sind stundenlang glücklich, ohne ein Wort zu sprechen oder zu hören. Wer so schweigt und seine Stimme braucht, um eine Stimmung auszudrücken, der bekommt das, was die Menschen und die Welt wirklich bewegt, eher mit. Er ist schon ganz schön weit gekommen auf dem Weg, das Vertrauen ins Vertrauen zu lernen.

# Vertrau der Stimme deiner Träume

»Gehe hin, in ein Land, das ich dir zeigen werde!« Dieser Satz ist bald 4000 Jahre alt. Und trotzdem kann man ihn heute noch durch die Jahrtausende hören. Warum? Weil er den Lebensnerv der Jungen trifft. Abhauen! Ein neues Leben anfangen! Deutschland ade! Große weite Welt, ich komme!

Ein junger Mann aus dem heutigen Irak hat den Satz aller Sätze damals als Erster geträumt. Doch auch heute noch hört man diese Stimme durch die Jahrtausende. Meistens hören junge Leute sie im Traum: »Geh weg von deinen Eltern! Geh weg von deinen Freunden! Verlasse dein Land! Und lass keinen Koffer zurück! Schau dich nicht mehr um! Denn wer den ersten Schritt wirklich macht und schaut dann zurück, der wird nie ankommen. Vorne ist vorne! Wenn du dieser Stimme deiner Träume vertraust, wirst du das Ziel deines Lebens finden.«

Und so sitzt ein junges Paar aus dem Hessischen bei mir. Quasi auf gepackten Koffern. Und beide haben nur noch eines im Kopf: Australien! Das Land ihrer Sehnsucht. Auf ihren Knien ein kleines Kind. Ein Jahr alt. Vorname: Sidney! Der Abschied von Deutschland fällt ihnen nicht besonders schwer. Soweit sie an ihre Eltern denken, ist Funkstille eingetreten. Von daher fällt kein Segen auf ihren abenteuerlichen Weg. Vielleicht sind die beiden deshalb so offen für die uralte Jahrtausend-Geschichte vom Lebenstraum, der in Erfüllung gehen soll.

Also erzähle ich ihnen von Abraham, dem Stammvater der drei großen Religionen Judentum, Christentum und Islam. Und dass die ganze Sache mit der Religion genau mit demselben Traum anfing, den das Paar heute noch spürt: In die Ferne ziehen, der Enge der Heimat entfliehen und im Leben erst einmal auf eine einzige Karte zu setzen. Und die heißt: Es wird schon gut gehen.

Früher hätte man sicher gesagt, die Karte, auf die die beiden setzen, heißt: Gottvertrauen. Aber so reden heute nicht mehr alle Leute. Aber merkwürdig ist es schon. Denn als ich das junge Paar mit dem kleinen Kind frage, wo sie denn die erste Nacht in Australien schlafen werden, im Hotel oder bei Freunden? Da antworten beide wie mit einer Stimme: »Unter dem Himmel! Draußen! Da haben wir das stärkste Gefühl!«

## Eine Nacht im Wald – der Himmel passt auf

Eben komme ich aus dem Wald. Ich habe mit meinen beiden Töchtern aus alten Ästen, Laub und Gestrüpp eine kleine Hütte gebaut. Ziemlich mühevoll. Und wir sind dann zwischen Zweigen durch den kleinen Eingang in die dunkle Höhle hineingekrochen, haben uns ins weiche, dumpfe Laub gelegt und fanden es urgemütlich. Die Töchter mit dem Vater. Und auch der Vater mit den Töchtern. Und draußen ging langsam die Frühlingssonne unter.

Am liebsten wären die beiden eben noch einmal schnell nach Hause gelaufen, um ihre Schlafsäcke zu holen. Schlafsäcke und Kerzen oder eine Taschenlampe, um hier in der Bude im niedrigen Laubhaus im Wald zu übernachten. Und sie drängten mich, doch mit ihnen dazubleiben. Die beiden haben dann immer so einen drängenden Trauer-Ton in der Stimme: »Papa. Warum denn nicht!?« Aber es ging nicht. Und warum? »Nun,« begann ich, »einmal, weil es noch viel zu früh im Jahr ist und zu kalt, und zweitens ...« Da fiel mir das Zweite schon nicht mehr ein. Gegen die Wünsche der Töchter ist kein Kraut gewachsen. »Wir müssen es verschieben«, antwortete ich. »Heute ist es einfach noch zu kalt. Aber ihr habt Recht. Wir müssen einmal draußen schlafen. Wäret ihr jüdische Kinder wie euer Großvater noch war, dann säßen wir sowieso mindestens einmal im Jahr hier draußen im Wald in einer provisorisch-selbstgemachten Hütte und würden uns Geschichten erzählen.« «Mama auch?«, fragte meine Zehnjährige. »Mama auch! Die ganze Familie!« »Und warum?« »Damit der Vater seinen Kindern die spannendsten Geschichten erzählen könnte«, antwortete ich.

Wie die Vorfahren der jüdischen Familie in der Nacht überfallen wurden. Und wie alle, das ganze jüdische Volk, schutzlos in Zelten gehaust haben. Die hatten ja noch keine Häuser, noch keine Zentralheizung und keine Klimaanlage. Wie man damals an jedem Abend ganz schutzlos die Augen schließen musste und fest daran glaubte, dass der Himmel mit seinen Engeln aufpassen würde. Aber jeder kleine Windhauch, der die Zeltwand streifte, blieb geheimnisvoll. Es konnte ein wildes Tier sein, was um die Zelte strich, ein Wolf vielleicht oder ein Bär. Es konnte so ein Engel sein, oder es war völlig anders und nur der Nachtwind. Damals spürten alle zusammen, Vater, Mutter und Kinder, dass man auf dieser Erde nur dann leben kann, wenn der Himmel es will und aufpasst.

Diese alte Wahrheit geht so schnell verloren. Und nur weil wir hinter den dicken Mauern unserer Häuser und Städte wohnen – als wenn die wirklich schützen könnten! Vor ein bisschen Kälte vielleicht. Obwohl ja die wirkliche Kälte von innen kommt. Religion lebt eben von den Geschichten und Erfahrungen, dass nur der Himmel wirklich schützen kann und sonst nichts und niemand. Und einmal im Jahr müsste man eigentlich so eine Bude bauen und den Engeln des Himmels vertrauen.

# Die Frau, durch die Jesus zum Messias wurde

Warum eigentlich kennt niemand diese Frau? Sie ist vielleicht eine der hellsichtigsten der ganzen Weltgeschichte gewesen, aber ihren Namen kennt man nicht. Sie war der Mensch, der zu Lebzeiten Jesu wusste, wer da vor ihr stand und was diesem Mann bevorstand. Woher wusste sie das? Sie war die Frau, durch die der attraktive Mann Jesus zum Heiland, zum Messias der Welt wurde. Niemand weiß, wer sie war. Man weiß nur, wo es war und was sie genau gemacht hat. Das weiß man daher, weil es ein mittlerer Skandal war. Und Skandale sprechen sich eben herum und halten sich. Sie hatte sich einem für sie wildfremden Mann vor die Füße geworfen und alles gegeben, was sie hatte. Ihre Liebe, ihr Begehren, ihre Anbetung! Und endlich auch ihr tiefes Wissen um das Schicksal dieses Mannes. Sie gab ihm das Zeichen, dass sie alles wusste. Zwischen ihren Gewändern holte sie damals einen kostbaren Kosmetiköl-Flacon hervor, kniete vor dem Mann nieder und goss das wunderbar nach Kräutern und Blumen duftende Öl auf seinen Körper. Seine Stirn, seinen Nacken und später auch auf seine Arme, Beine und Füße.

Die Menschen, die damals dabei waren, bekamen die Tiefe ihrer Tat gar nicht mit. Sie erregten sich nur über ihre Verschwendung, ihre Taktlosigkeit und über wer weiß was alles. Andere aus der Umgebung Jesu haben sogar heimlich im Kopf ausgerechnet, was das Öl auf dem nahen Basar von Jerusalem eingebracht hätte. Nur einer sagte erst einmal gar nichts. Jesus! Er schloss die Augen und ließ sich von der Fremden salben. Er wusste, was sie da tat. Sie salbte ihn! Sie machte ihn in der Tradition ihres Volkes zu einem »Gesalbten«, zu einem Gottesmann, zu einem König, zu einem Propheten, zu einem Christus, zu einem »Messias«, wie das doch in ihrer Sprache hieß. Doch durch die Hände dieser unbekannten

Frau aus dem kleinen Dorf Betanien wurde der unbequeme Heiler und Prediger aus Nazareth zum Heiland der Welt.

Niemand außer den beiden bekam das damals direkt mit. Nur sie, nur die beiden! Bei ihr merkte man es, weil sie so verschwenderisch war. Sie gab alles. So wie man es nur dann tut, wenn man das Gefühl hat, nie wieder die Gelegenheit zu bekommen, einen lieben Menschen auch lieb zu haben. Sie wusste offenbar, dass es seine letzte Reise hoch nach Jerusalem war. Und so schenkte sie ihm alles. Nie sollte der Tag kommen, an dem sie sich sagen müsste: Ach, hätte ich ihm doch damals bei der letzten Begegnung alles und noch mehr gegeben! Solche Seufzer unendlicher Trauer wollte sie sich ersparen. Sie wusste also, er würde nie wiederkommen. Da war Augenmaß und Vorratshaltung nicht am Platze. Sie war eine Liebende und gab ihm alles. Jesus aber, der Mann, verstand sie ohne Worte. Und weil niemand verstand, was da eben vor sich ging, brachte er es für alle Zeiten auf den Punkt: »Lasst sie in Ruhe! Es ist die letzte Möglichkeit, mich wirklich zu lieben. Arme, für die wir sonst immer da waren, habt ihr immer unter euch.«

Und als er mit seinen Freunden weiterzog, hing der Duft des Himmels in der Luft.

# Der Ruf des Herzens

Das Nadelöhr, das in den Himmel führt, sind unsere Gebete. Das Nadelöhr, das ins Vertrauen führt, sind unsere Gebete. Alle klugen und tiefen Gedanken über Gott, das Leben und die Welt sind nur Spielwiese. Ernst wird es erst, wenn du betest.

Eigentlich muss man es nicht erst groß lernen. Man hat es als Kind schon gekonnt. Als Baby, das mit dem ersten Schrei in die weite fremde Welt hinein schon hoffte, dass es jemand erhört. Dass da jemand kommt und Hilfe bringt.

Und später, nach ein paar Jahren, kamen dann all die klugen Männer und Frauen in ihrer merkwürdigen Kleidung mit ihren noch merkwürdigeren Formeln, Dogmen und Ritualen, um einem kleinen Menschen das Beten erst beizubringen: hinknien, Augen zu, Hände falten und den kleinen Kopf mit fremden Worten gemartert. Verraten soll man zudem, was man denn wohl Böses gemacht hätte. Und dann dem merkwürdigen lieben Gott der klugen Frauen und Männer alles ausplaudern, was man doch nie und nimmer jemandem erzählen würde. Und am Ende auch noch »Danke« sagen dafür, dass man ihm alles verpetzt hat ...

Die Kunst, heutzutage jemandem das Beten wieder beizubringen, gleicht der Arbeit eines Restaurators eines alten, wunderbaren Bildes. Mit großer Behutsamkeit müssen Schicht um Schicht alle Formeln und Gebetslehren abgetragen werden, damit das Gemälde von dem schreienden Kind wieder frei liegt und atmen und wieder schreien kann. Sei wieder ein Kind, lerne wieder zu schreien!

Beten hat nichts mit der Kirche zu tun. Im Grunde nicht einmal mit Christentum. Es ist der Ruf des Herzens in die unendliche Welt hinaus, ins Welten-All hinein, ob dich jemand hört und erhört. Ob irgendjemand im

Himmel oder auf Erden ist, der dich sieht, wahrnimmt und sich dir endlich oder wieder zuwendet.

Und wenn du dann den Eindruck gewinnst, dass aus weiter Ferne ganz nah dich eine Antwort erreicht, wunderst du dich wie damals in den Windeln, als dein unhörbares Wimmern die Ohren der Mutter noch erreichte.

Und später, voller Vertrauen, in der weiten fremden Welt nicht vergessen und verloren zu sein, ändert sich dann der Ton der Gebete. Aus dem Hilfeschrei wird ein Spiel, das unsere Kinder nicht ganz ohne Grund unendlich gern spielen: »Hänschen, piep mal«. Das uralte Spiel vom Verstecken und Finden, vom Suchen und Lautgeben.

Du gibst mit deinem Beten Laut – und Signale, dass es den Vater im Himmel irgendwo gibt. Und er wendet sich dir zu und sucht und findet dich. Beten ist so, wie mit dem lieben Gott »Hänschen, piep mal« zu spielen. Doch das Herz kann auch ganz lautlos rufen. Die Kunst zu beten ist so tief in unseren Herzen verwurzelt, dass sie kein kluger Gedanke vernichten kann. Da macht sich die Seele eher selbstständig und betet ohne Kopf und Mund und seufzt leise vor sich hin. Wie eine Gefangene in einem fremden Land voller unverständiger Menschen. Sie seufzt in einer Sprache ohne Worte, die nur der Himmel kennt. Sie betet fast lautlos.

Sie betet für dich. Sie ist – ob du es merkst oder nicht – dein letzter Anker, dass du nie verloren gehst.

# Ein Fotograf auf dem Nil

Der große Helmut Newton wurde gerade achtzig Jahre alt. Ein Mann von Welt. Ein Künstler. Ein Mann, der mit seiner Kamera und seinen Aktfotos die Menschen vorsichtig an den Ort führt, wo Scham und Sexualität sich nicht fürchten müssen, missbraucht und vergewaltigt zu werden. Schönheit und Form der Bilder geben ihnen die nötige Sicherheit.

Und als Newton erzählt, wie er im Berlin der dreißiger Jahre groß wird, sagt er zwei Sätze über seine Eltern, die mich nicht loslassen: »Sie haben uns Kinder für das Exil erzogen«, sagt er, »und sie hatten ja auch weiß Gott Grund dafür.« Denn während die Newton-Eltern ihre Kinder so erzogen, dass sie in der weiten Welt überleben könnten, da wuchs ja auch die braune Flut heran. Nicht nur in Berlin. Und als der Junge achtzehn war, schwappte sie im November durch die Fenster der jüdischen Häuser, drückte die Scheiben ein und trieb die jüdischen Familien zum ersten Mal auf die Straße. Es war das große Menetekel, dass sie bald alle auf die Straße getrieben und ermordet würden.

Dazwischen der junge Helmut, der zwischen Kudamm und Helensee die ersten Erfahrungen in Sachen Sexualität sammelte. Helmut, der sich nicht die Bohne dafür interessierte, dass er nicht im Strandbad Helensee baden durfte. »Für Hunde und Juden verboten!«

Da veranlassten die Eltern, dass der Junge Deutschland verließ. Und wenn man Newton heute fragt, mit wie viel Geld er denn unterwegs war, dann waren es am Ende seiner Flucht aus Deutschland nur noch drei Dollar. Mehr nicht!

Wie vor Tausenden von Jahren den kleinen Mose auf dem Nil, so hatten die jüdischen Eltern Newton ihren Sohn in die Welt hinausgeschoben, weil sie wussten und ahnten, dass ihm zu Hause nur der Tod blühen würde. Im Glauben, dass nur noch der Ewige den Sohn retten könnte.

Und wenn der nun alt gewordene Sohn so erfolgreich wie kein anderer auf der Welt an seine Eltern denkt, dann kann der zweite Satz, den er über sie sagt, nicht stimmen: »Meine Eltern dachten, dass es nicht so schlimm werden würde.« Aber es kam schlimm. Schlimmer! So schlimm, dass wir es in Deutschland nie vergessen werden.

## Was abgeschnittene Haare mit Masern zu tun haben

Was war bei meiner kleinen Tochter eher da: Die Masern oder die abgeschnittenen Haare? Sie wollte sich unbedingt die Zöpfe ihrer Kindheit abschneiden lassen. Das wollte sie länger schon. Und dann am Samstag waren wir zum Friseur gegangen und es war passiert. Und prompt wurde sie krank. Schwer krank! Dass beides auf den Tag genau nur zufällig gleichzeitig auftrat, daran glaubte ich nicht. Auch deshalb nicht, weil tief in mir ein paar alte Geschichten über abgeschnittene Haare und ihren Einfluss auf die innere Kraft des Menschen gespeichert sind.

Simson und Delila zum Beispiel. Delila, die dem Kriegshelden des heiligen Volkes, Simson, in einer heimlichen Liebesnacht auf Anweisung seiner Feinde die langen Haare abschneidet. Nie zuvor war eine Schere auch nur in die Nähe seiner Haare gekommen. Vom ersten Tag seines Lebens an. Es lag ein Zauber und eine Wildheit in seinen Haaren. So wie solch ein Zauber in allen langen Haaren liegt. Und Simson wuchs an Kräften, dass ihm keiner ein Haar auch nur krümmen konnte. Delila aber zerstörte im Auftrag der Feinde in einer einzigen Nacht die Unbesiegbarkeit ihres Geliebten.

Abgeschnittene Haare sind eben nicht nur abgeschnittene Haare. Sie sind gewollt oder ungewollt ein Verlust oder auch ein Verzicht auf die bisherige Persönlichkeit. Mit den Haaren wird ein altes Stück Leben geradezu abgeschnitten, damit ein neues kommen kann. Ob das neue Leben gut oder schlecht ist, steht auf einem anderen Blatt. Aufhalten kann man es nicht. Auf jeden Fall aber führt das neue Gesicht den Menschen in eine Krise.

Genauso steht das auch in den dicken Büchern der Kinderheilkunde über Masern: Es ist eine Krankheit zum Reifen. Eine neue Persönlichkeit entwickelt sich mitten in einer großen gesundheitlichen Krise. Und wir Eltern stehen daneben und geben unserem Kind Tag und Nacht die einzige Medizin, die man bei dieser Krankheit geben kann: Nähe, Geborgenheit und Dunkelheit.

Und in einer dieser durchwachten Nächte an der Seite des Kindes ist meine Frage wieder da: Was war eher da, die abgeschnittenen Haare oder die Masern? Masern! Ganz klar! Lese ich. Schließlich brauchen Masern einige Tage von der Ansteckung bis zum Ausbruch. Sie war also längst vor dem Friseur krank. Aber genau in dieser Zeit, in der sie die Keime der Krankheit längst in sich trug, übernahm ihre Seele die seelische Aufgabe der Masern: ›Wir sind gekommen, damit du an uns wächst. Ein neues Stück Leben steht bevor Es wird dunkel. Nimm Abschied und gesunde.‹

Und auf einmal war das Kind soweit. Haare abschneiden ging ihr schon lange im Kopf herum. Aber sie hatte bislang nicht den Mut gehabt. Wie würde sie aussehen? Wie würde sie wirken? Hätte sie noch den Zauber, auf andere Menschen zu wirken, oder würde sie alles zerstören?

Auf einmal ist sie stark genug, sich sogar gegen die Zöpfe-Romantik des Vaters durchzusetzen. Sie will zum Friseur. Sie geht ihren Weg. Und mir fällt auf einmal ein, was ich ihr vor vielen, vielen Jahren bei ihrer Geburt quasi in die Tauf-Urkunde schrieb. Der Tag würde kommen, dass sie sich die Haare abschneiden würde. Und ich versprach ihr, an ihrer Seite zu bleiben, denn sie ist nicht geboren, nach meinen Erwartungen zu leben. Sie ist geboren, ihren Weg zu gehen.

## Wir sind nicht die Fremdenführer unserer Kinder!

Wir Eltern sind auf dieser Welt nicht die Fremdenführer unserer Kinder! Das wird man in diesen Tagen all überall in den Kirchen hören, wenn nach der Konfirmation kaum eines der vierzehnjährigen Kinder für die nächsten Jahre in der Kirchenbank sitzen bleibt. Sie gehen von den Eltern weg, sie gehen aus der Kirche weg, sie verlassen ihr Nest wie die jungen Vögel. Sie gehen, um ihre Welt zu erobern. Sie wollen sich messen und sie wollen sich bewähren. Ihre Welt ist nicht unsere Welt. In ihrer Welt kennen wir uns nicht einmal gut aus. Darum: Wir Eltern sind nicht die Fremdenführer unserer Kinder! Wir müssen sie ziehen lassen. Es geht nicht anders.

Wir liegen jetzt so manche Nacht unruhig im Bett, weil wir nicht wissen, ob unsere Kinder den Herausforderungen des Lebens gewachsen sind. Wir würden ihnen gerne beistehen. Doch die Kinder lassen es nicht zu. Und wir können es auch nicht wirklich. Ihre Welt ist uns fremd geworden. Die Welt hat sich ein Stück, eine Generation, weiter gedreht. Und so sind wir eben nicht die Fremdenführer unserer Kinder.

Das wird im Normalfall nicht immer so ganz deutlich. Doch es könnte ja sein, dass es Ihnen so gehen könnte wie einer Mutter aus dem Rhein-

Main Gebiet, die den Umgang ihrer heranwachsenden Töchter unmöglich fand. Dauernd trieb sich das Kind mit mehreren Jungs herum. Ließ sich die Haare stoppelkurz schneiden. Die wildesten Spiele waren ihr gerade wild genug. Und als das Alter überstanden war, teilt sie mit einer lesbischen Frau Tisch und Bett.

Kaum hat sich die Mutter daran gewöhnt, dass ihre Tochter ihr wohl keine Enkelkinder schenken würde, der nächste »Schock«. Ein Anruf! Ihre Tochter wolle sich operieren lassen. Sie sei keine Tochter. Sie sei wohl ein Sohn, ein Mann! Die Operation stehe unmittelbar bevor. Ohne Mutters Wissen. Denn so viel Fremdes wollte die Tochter, die ein Sohn war, der Mutter nicht zumuten.

Da hat die Mutter ihrer »fremden« Tochter mit dem Handy eine SMS geschickt, um ihr zu sagen, dass sie gerne ihren neuen Sohn lieben würde. Denn es kommt nicht darauf an, dass wir unsere Kinder durch die fremde Welt führen, sondern begleiten.

## Gedanken eines Vaters im leeren Kinderzimmer

»Wann beginnt das Leben?«, werden drei Geistliche gefragt. Bei der Zeugung vielleicht? Oder doch erst in der zwölften Woche im Mutterleib? Oder erst dann, wenn die Kinder aus dem Haus sind und der Hund gestorben ist?

Das war bisher ein Witz, den ich bei Gelegenheit erzählt habe. Aber seit ein paar Tagen ist aus dem Witz für mich ernst geworden. Denn seit ein paar Tagen und Nächten sind bei mir beide »Kinderzimmer« leer. Und ich gestehe: Es tut ganz schön weh! Abschied liegt in der Luft. Die Mädchen sind flügge geworden und suchen sich in der Welt selbstständig ihre Aufgaben. Und Vater geht abends an den Mädchenzimmern vorbei, öffnet die Tür, schaut kurz rein, setzt sich aufs Bett und seufzt unhörbar. So leise, dass er es oft selbst nicht hört. Die Seele äußert sich meistens sehr leise.

Wo sind die Kinder wohl jetzt? Geht es ihnen gut? Kommen sie zurecht? Brauchen sie mich wirklich nicht mehr? Fragen und Sorgen, über die die Mädels nur lachen würden, wenn ich sie das wirklich fragen würde. Also lass ich es.

Nach Hause zurückkehren werden sie vorerst wohl nur, wenn »Heimatgefühle« in ihren Herzen aufkommen. Also, wenn Papa oder Mama oder Weihnachten nicht mehr aus ihren Herzen zu verdrängen sind. Die Zukunft ist ihnen jetzt wichtiger als die Vergangenheit. Und das ist auch gut so. So tröste ich mich.

Aber was mache ich jetzt mit den beiden Mädchenzimmern? Vielleicht Gästezimmer oder zusätzliche Arbeitszimmer? Am besten gar nichts! Vorerst bleibt alles unangetastet. Wenn die Mädchen nach Hause kommen, dürfen sie nicht das Gefühl haben, dass sie hier nicht mehr zu Hause sind. Sie werden sich selber immer mehr lösen. Wie von selbst wird es gehen. Je mehr sie erkennen, dass die Plakate, die heute noch ihre Zimmerwände schmücken, morgen schon überholt und alt sind. Sie werden in ihre alten Bücherschränke schauen und an den Mädchenbüchern sehen, dass sie größer geworden sind und nicht mehr in das alte Nest passen. So wird es wohl sein. Die Kinder sind aus dem Haus. Aber welches Leben soll denn jetzt beginnen? Ich bin gespannt und neugierig.

# Träume sind die Fenster des Himmels

Jede Nacht schreckt die Frau mit einem lauten Schreien aus ihrem Schlaf auf. Seit zwanzig Jahren. Und die Ärzte wissen nicht warum. Sie selber sagt, dass sie aus den schrecklichsten Angstträumen erwacht. Doch die Ärzte sagen, es kann nicht sein. Die Ergebnisse des Schlaflabors, in das sie sie überwiesen haben, registrieren tiefsten Schlaf, wenn sie wie gejagt von einer Sekunde auf die andere senkrecht im Bett sitzt oder steht und schreit und schreit. Und weil sich keiner darum kümmert, verkümmern die Träume in ihr. Sie wirken unverständlich und unverstanden wie ein quengelndes Kind, das jede Nacht stört. Aber genau wie so ein Kind etwas ausdrücken will, genauso wollen das die Träume. Sie sind ein Fenster des Himmels. Nur kommen sie zu uns in einer einfachen Sprache, die keiner mehr kennt. Man kann das Traum-Fenster schließen, wenn es so stört wie hier. Man vermiest dem Schläfer einfach die Schlaftraumposition, indem man dort ein nasses Tuch oder in der Luft eine nasse Bürste baumeln lässt. Da dreht sich der Träumer im Schlaf und alles ist vorbei. Das Fenster zum Himmel schließt sich. Nur ist die Botschaft damit auch weg.

Dabei hat die Träumende schon eine Menge dunkler Traum-Bilder an die Oberfläche des Tages gerettet. Sie sieht sich bei wechselnden Bildern immer in einer ausweglosen Situation gefangen. Das wird ihr immer deutlicher je mehr sie darauf achtet und Bruchstücke der Träume aufschreibt. Auch wird ihr klar, dass sie umso besser schläft, je mehr sie sich am Tag Gedanken über ihre Träume macht. Und dazu braucht sie keinen Traumdeuter. Die Sprache der Träume ist älter als alle Deuter. Jedes Kind kann sie verstehen. Unsere Träume sind Gottes vergessene einfache Bildersprache. Jede Nacht versucht er, durch unsere Träume mit uns zu reden. Und wir wachen morgens auf und haben nichts kapiert, verstehen nur Bahnhof! Als wenn alle unsere Träume für nichts gut wären. Als wenn jede Nacht ein Feuerwerk der beeindruckendsten Bilder in die Luft geschossen würde, nur damit unser Schlaf nicht so langweilig wäre.

Wer seine Träume verstehen will, muss sie also zuerst behalten. Das funktioniert am besten, wenn Sie morgens noch im Halbschlaf schauen, was hängen geblieben ist. Das schreiben Sie mit immer noch geschlossenen Augen groß auf. Früher oder später ergibt sich aus den Traum-Puzzlestückchen ein Bild. Es ist Gottes Lebenshilfe für Sie.

## Der Engel aus Irland

Vor über dreißig Jahren trampte ich als Student zum ersten Mal durch Irland. Die Erinnerung an dieses Land und seine Menschen hat mich mein ganzes Leben lang nicht losgelassen. Inzwischen war ich in Afrika, Asien und Amerika. Aber wenn ich von einem Land erzählen sollte, das mich glücklich gemacht hat und vielleicht auch noch macht, dann ist es Irland. Da fühle ich so etwas wie Heimat. Liegt das an der Stille, die dieses Land sich erhalten hat? An der unzerstörten Natur im Westen? Oder an den frommen Menschen? An den Liedern, die dort aus jeder Kneipe zu hören sind? Ich weiß es nicht genau. Ich fühle mich dort zu Hause.

Damals bin ich ganz, ganz weit im Nordwesten des Landes in eines der unzähligen, längst verlassenen Häuser eingestiegen. Mit Brettern zugenagelt warten diese Häuser auf den täglichen Regen und Efeu, der sie mit den Jahrzehnten schon begraben wird. Zuerst stürzt das Dach ein und dann irgendwann später auch die grauen, nassen Mauern und begraben die Erinnerung an die Menschen, die dort gelebt, geliebt und gelitten haben.

Aber genau deren Geschichte interessierte mich. Bevor alles verwischte, suchte ich nach Spuren. Und die gab es reichlich. Bruchstücke von Möbeln, Lebensmittelverpackungen, die nicht verrotteten, Ausweise, Bilder an der Wand. Damals habe ich mir aus dem Haus etwas mitgenommen, das mich seither begleitet. Es ist ein kleiner Porzellanengel mit goldenen Flügeln, der mit seinen Armen ein Kreuz an sein Herz presst. Welche Menschen mag er in diesem irischen Haus getröstet haben? Wie viele Kerzen sind neben ihm entzündet worden, um die Seufzer der Menschen mit entzündetem Herzen in den Himmel zu tragen?

Jetzt steht der Engel auf meinem Schreibtisch. Und wenn es dicke kommt im Leben, dann blicke ich auf den Engel aus Irland, der das Kreuz auf sein Herz drückt. Wenn ich ihn sehen will, muss ich von der Arbeit aufschauen. Kurz nur, für Sekunden, ihm zunicken. Und dann wieder unter die Last zurückkehren, die ich wie jeder Mensch auf meinen Schultern spüre.

Wenn Sie keinen sichtbaren Engel bei sich haben, ist das nicht weiter von Nachteil. Es reicht schon, dass man für ein paar Sekunden mitten im Alltag und Stress von seiner Arbeit aufblickt, gen Himmel seufzt und das Gefühl hat: Da ist jemand, der das schon hört, sieht und spürt.

Denn unsere Seufzer sind die reinsten Gebete. Sie kommen tief aus unserer Seele. Und kein Wenn und Aber unseres Verstandes hat ihnen etwas anhaben können.

# Das Geheimnis der offenen Hände

Wenn ein Baby geboren wird, dann will man es gleich sehen und schaut es sich ganz genau an. Der Blick geht über Kopf, Arme, Hände, Leib, Beine und Zehen, ob auch alles dran ist. Ja – Gott sei Dank! Und dann macht der, der sich über das Baby beugt, fast immer eine seltsame Beobachtung: Der kleine Mensch, der da gerade geboren ist, hat seine kleinen rosa Händchen zu einer Faust zusammengeballt. Als wollte er die fremde Welt mit der Faust schon erobern. Sie mit seiner ganzen kleinen Kraft regelrecht niederringen und irgendetwas in seine Hand bekommen.

Und wenn dieser Mensch dann nach einem hoffentlich langen und erfüllten Leben stirbt, dann sind seine müden alten Hände offen und seine Finger ausgestreckt. So liegt er da. Als wenn die Lektion, die ein Mensch auf dieser Erde lernen kann, hieße: »Du denkst, du kommst, um zu kämpfen und um dich zu verteidigen und um etwas zu besitzen und zu behalten. Du irrst!«

Doch das tust du noch über die ersten Jahre und Jahrzehnte – bis dir endlich dämmert, dass das Leben selbst für dich kämpft und dich trägt und für dich sorgt. Wie alt muss man werden, um zu erfahren, dass das Leben selbst die Mutter ist, die auf einen aufpasst? Du hast die Rolle des Kindes, wie alt du auch wirst. Deine Rolle ist es, auf das Leben zu vertrauen wie ein Kind auf die Mutter. Im Verhältnis zu deiner leiblichen Mutter wirst du zwar erwachsen, vielleicht sogar selber Kinder haben. Im Verhältnis zum Leben aber bleibst du ein Kind. Und es dauert Jahre und braucht unendlich viele Erfahrungen und Lektionen, dies in seiner Tiefe zu erkennen.

Wie ein zuerst kleiner, dünner, dann immer größer und leuchtender werdender Mond zieht so ein neuer Mensch über die Erde. Er erobert seine Mutter, die Geschwister und probiert die Fäuste und Ellbogen in der Schule. Alles drängt ihn, die Welt zu erobern. Wer Arbeit finden will, muss die anderen überflügeln. Wer erfolgreich sein will, darf den Kampf und den Konflikt nicht scheuen.

Aber kein Mond geht nur auf. Und kein Menschenleben kann diese Devise vom endlosen Erfolg durch Stärke beibehalten. Nach spätestens einem halben Menschenleben öffnet sich zum ersten Mal vorsichtig die Faust. Und der Grund dafür liegt auf der Hand: Jüngere sind einfach attraktiver geworden. Jüngere mit schnelleren Köpfen und kräftigeren Ellbogen haben mehr Erfolg. Und wie der abnehmende Mond auch davon Abschied nehmen muss, immer nur strahlender und voller zu werden, so gerät jedes Menschenleben um die vierzig in die Krise: So geht es nicht mehr weiter. Die Hand öffnet sich zum ersten Mal und sucht nach einem Halt, da sie sich selber nicht mehr halten kann. Ging bis zu diesem Zeitpunkt die Entwicklung des Menschen immer nach außen und ins Strahlen und Besitzen hinein, so geht die Reise jetzt immer mehr nach innen hinein in das Dunkel einer geheimnisvollen Geborgenheit. Die Hände öffnen sich immer weiter.

Und spät am Abend liegen sie ausgestreckt, als wenn sie sagen wollten: »Ich brauche mich nicht mehr zu wehren. Und behalten kann und will ich gar nichts.«

# *Jahreszeiten*

## Geborgen in Wind und Wetter

# Drei Engel begleiten Sie – auch im neuen Jahr!

Sie sind nicht allein! Auch in diesen Tagen und Nächten des Übergangs nicht. Es gibt eine unsichtbare Kraft, die Sie im Gleichgewicht hält. Die Kraft würde ich Ihnen gern näher bringen. Ich sage, dass es die Engel sind, die Sie begleiten. Nennen Sie sie meinetwegen wie Sie wollen. Aber ihre unterschiedlichen Einflüsse auf Ihr Leben können Sie durchaus wahrnehmen, auch wenn Sie nicht an Engel glauben können. Sie sind genauso wenig allein wie die gute alte Erde. Auch die hat wie alles im Universum eine stille Begleitung, die dafür sorgt, dass auch sie sich im Gleichgewicht dreht und nicht aus der Bahn kommt. Bei ihr ist es der gute alte Mond, der kraftvoll dafür sorgt, dass sie sich wie in einem ewigen Tanz um sich selbst und die Sonnen drehen kann. Der Mond hält die Erde im Gleichgewicht.

Bei uns sind es die Engel. Ich stelle sie Ihnen am Anfang des Jahres vor. Schließlich sind sie auch in diesem Jahr Ihre stillen Begleiter. Da ist zuerst Ihr Schutzengel. An den glauben zwar die meisten. Aber auch nur, wenn sie in einer Krise mit einem blauen Auge davongekommen sind. Aber Ihr Schutzengel ist nicht nur da, wenn Ihr Auto nicht gegen den Baum fuhr, sondern knapp daneben. Und wenn die Haare Ihrer Kinder beim Anzünden der Kerzen nicht entflammten und die Silvester-Rakete nicht in ihrer Hand explodierte. Ihr Schutzengel ist immer da. Er ist nur nicht immer zu spüren. Aber ihm für seine Fürsorge zu danken, tut gut.

Den zweiten Engel nennt das alte Wissen den Führungsengel. Er ist zu spüren als Stimme Ihres Gewissens. Er ist da, wenn Ihnen Ihr Bauch etwas anderes rät als Ihr Kopf. Er weiß Ihren richtigen Weg durch dieses Leben. Er führt sie auf rechter Bahn, wie die Bibel weiß. Sie sollten ihn ganz bewusst rufen und um Orientierung bitten, wenn Ihr Weg in diesem Jahr steinig und unwegsam werden sollte. (Wenn Sie ihn rufen, muss das ja kein anderer mitkriegen.) Der dritte Engel arbeitet sozusagen in gehobener Position. Er ist die Kraft der Fügung. Ihn nimmt man am Ende des Lebens deutlicher wahr als zuvor. Er steckt hinter dem Wunder, dass in der Rückschau auf das Leben alles seinen Sinn hatte.

Trauen Sie Ihren Engeln ruhig etwas zu!

## Ich träume vom Karneval der Heiligen

Wenn in diesen Tagen unsere Kinder mit ausgehöhlten Kürbissen auf dem Kopf und mit alten Bettlaken verkleidet durch die dunklen Straßen laufen, macht ihnen das zwar mächtig Spaß, aber sie wissen oft nicht, was sie tun. »Leute erschrecken. Wir feiern Halloween!«, sagen sie und stellen an diesem Abend alles auf den Kopf, was ihnen in die Quere kommt. Mittlerweile hat sich auch in unserem Land herumgesprochen, dass Halloween wohl irgendeine amerikanische Spielart von Karneval sein muss, wo ein amerikanischer Lehrer unserer Kinder zum Beispiel mit verdrehten Hosen zum Unterricht erschien. Das Gejohle der Kinder kannte keine Grenzen.

Aber was steckt hinter dieser verkehrten Geisterwelt für einen Abend und einen Tag? Auf den ersten Blick das, was beim Karneval auch dahinter steckt: Geister und Geisterglaube. Denn im Frühjahr, im Fasching, im Karneval, setzen sich am Ende des Winters die Menschen im äußersten Südwesten Deutschlands, im Alemannischen, ja ganz ähnliche Masken auf. Sie treiben damit die bösen Wintergeister aus und stellen die Welt auf den Kopf.

Aber was will man denn Ende Oktober, Anfang November für Geister austreiben? Halloween feiert man nämlich am 31. Oktober. Will man etwa die Geister des Sommers auch austreiben? Das will keiner! Und so steckt hinter dem herbstlichen Karneval der Kinder eine ganz andere Wurzel.

Halloween ist schließlich der Abend vor Allerheiligen, vor dem ersten November. Und Allerheiligen ist ein Fest, in der die mehr katholische Christenheit weltweit an besondere Menschen erinnert, die als Heilige in ihrem Gedächtnis bleiben sollen. Und weil nicht jeder Mensch ein Heiliger auf Erden war, aber dennoch irgendwann gehen musste, folgt am zweiten November immer das Fest »Allerseelen«. Das ist das Fest, mit dem man sich aller Verstorbenen erinnert.

Mit den ausgenommenen Kürbissen über dem Kopf erinnern unsere Kinder also nicht an irgendwelche Geister. Sie halten das alte Wissen wach, dass es neben der sichtbaren Welt auch eine versunkene Welt gibt, die durchaus in der Lage ist, unseren Alltag auf den Kopf zu stellen.

Und so träume ich von einem Karneval der Heiligen in unseren Kirchen und Gemeindezentren, wo an diesen langen Novemberabenden eine merkwürdige Feier stattfinden könnte. Die Erwachsenen haben sich verkleidet. Aber nicht mit irgendwelchen Angst einflößenden Kürbismasken, sondern mit den Kostümen der Menschen, die für sie heilig sind. Das können die eigenen Mütter und Väter sein, die längst gegangen sind. Das können aber genauso gut Gestalten aus der großen Welt-Geschichte sein. Ein Tanzabend der ganz besonderen Art. Und er hat nur ein Ziel: Die Lebenden sollen im Gedächtnis behalten, auf welchen unsichtbaren Schultern sie stehen und leben. Ein Fest mit einer einmaligen Mischung aus Ehrfurcht und Humor. Nicht nur ein Fest für Kinder.

# Drei Schneeglöckchen

Als die junge Frau die Schneeglöckchen sah, fing sie leise an zu weinen. Nicht, dass sie sich schämte. Sie war sowieso allein. Die Blumen hatten ganz leise irgendetwas sehr Tiefes in ihr berührt.

Dabei waren es nur ein paar einfache Schneeglöckchen wie sie jedes Jahr auf den Wiesen der Umgebung stehen. Aber es waren die ersten Schneeglöckchen des kommenden Frühlings. Am Südhang des Berges hatte die Sonne den Schnee immer schon etwas schneller weggeschmolzen als sonst wo. Und die letzten wärmeren Tage hatten gereicht, die kleinen weißen Blüten aus den grünen Blättern zu treiben.

Schneeglöckchen! Die junge Frau kniete sich nieder, um näher bei ihnen zu sein. Die kleinen, zarten, weißen Kelche an ihren noch zärtlicheren Hälsen waren der jungen Frau in diesem Augenblick mehr wert als alles Geld der Welt.

Sie war schon fast davor gewesen, aufzugeben. Denn der Mann, den sie liebte, war nicht frei. Allein aber, ohne ihn, würde sie erfrieren. Da war sie sicher. Allein würde bald, ohne dass sie überhaupt etwas dafür könnte, das Leben aus ihr heraussickern. Ganz bestimmt! Denn nicht nur um sie herum war es immer noch Winter. Das wäre ja leicht zu ertragen gewesen. Viel schlimmer war, dass Kälte langsam ihr Herz erreichte. Es gab richtige Aussetzer. Und ihr Arzt war schon öfter gekommen als ihr eigentlich lieb war, ohne doch das eigentliche Mittel verschreiben zu können.

Genau das war ihre Stimmung, als sie den Berg hochstieg und ihre Augen die weißen Kelche sahen. Da war für sie klar, dass ihr diese kleinen, weißen Blumen der Himmel geschickt hatte. Unberührt standen sie da. Kein Mensch hatte sie bisher bemerkt. Nur sie hatte sie gesehen. »Vielleicht sind sie eine Botschaft. Eine Botschaft, dass der Frühling endlich nicht nur hier in der Mitte Deutschlands kam, sondern auch zu mir«.

Jetzt würde sie durchhalten. Ganz bestimmt. Alle Kraftreserven würde sie jetzt mobilisieren. Denn der Himmel selbst hatte ihr ein Zeichen geschickt. Keinen Augenblick schien ihr der Gedanke kitschig.

Sie will nur drei, höchstens vier kleine Glöckchen als Erinnerung mitnehmen. Sozusagen als Beweis dieser Begegnung. Drei, vier kleine Stängel! Mehr nicht! Mehr Blüten könnten alles gefährden. Mehr wären nicht zärtlich. Mehr wären unverschämt und gierig und würden alles zerstören. Mehr würden das Leben der kleinen Blumenkolonie vielleicht gefährden. Mehr wären in Wahrheit dann weniger. Da pflückte sie drei.

## Der Frühling verführt

Es ist Frühling. Endlich ist es Frühling! Es gibt keine Jahreszeit, die die Menschen so herbeisehnen wie den Frühling. Es ist wie das Aufwachen nach einer langen Nacht. Es ist Leben, wo vorher Schlaf war. Und es ist das einzige große Erlebnis in unserem Leben, das erleben lässt, wie etwas Wunderschönes nicht für immer verloren ist, sondern wiederkehrt. Es stimmt eben doch nicht, dass alles einmal ein Ende hat. Das ist nicht die ganze Wahrheit. Der Frühling bringt es an den Tag.

Man hat plötzlich das Gefühl, etwas ganz Wichtiges kommt zurück, das man lange verloren wähnte. Kein Mensch spricht davon, dass der Sommer wiederkommt, niemand, dass der Herbst wiederkommt oder gar der Winter. Aber dass der Frühling wiederkommt, das sagt man nicht nur, das dichten die Dichter, das singen die Sänger. Als wenn es so etwas wie eine

Garantie des Himmels darauf wäre, dass er sich nicht in alle Ewigkeit von uns zurückziehen würde. So ist der Frühling im Kreislauf der Natur der Bote mit der guten Nachricht, dass das Leben in alle Ewigkeit weitergeht. Und mit dieser Botschaft ist er für alle Menschen unwiderstehlich.

Der Frühling verführt. Und dazu ist er da. Das tut er nicht erst im Mai. Aber da setzt er seinen Verführungskünsten bei Menschen, Tieren und Pflanzen die Krone auf. Der Mai ist die Krone des Frühlings. In den letzten Februar-Tagen hat der Frühling schon mit seinen Künsten angefangen. Mit den ersten Schneeglöckchen machte er uns nach diesem langen, kalten Winter seine ersten Aufwartungen. Ein erster kleiner Gruß von ihm in die Tiefen unserer Seelen. So zärtlich und unvermutet wie selten. Und schon schien es, als zöge er sich wieder zurück. Eben wie ein Verführer, wie ein Liebender, der genug Zeit hat, seinen Gruß wirken zu lassen. Und dann endlich, als die Vorfrühlingssonne den Schnee hat schmelzen lassen in unseren Gärten, da war er wieder da. Jetzt kommt er mit all seiner Stärke. Und nun nimmt er sich mit seiner ganzen Kraft die seltsamsten und kompliziertesten Geschöpfe vor, die Menschen. Die Kraft des Frühlings reicht nämlich weit in uns hinein.

Er bricht das Eis auf unseren Lippen und er löst die Stummheit von unseren Lippen. Er kann uns verführen, unsere verborgene Seele zu öffnen, um seiner Einladung zum Leben eine Antwort zu geben. Er lädt die Menschen ein, auf ihn zu reagieren und zu antworten. Er verführt uns mit seinen Strahlen, seiner Wärme und seinen ersten lauen Lüften, aus unserer Wortlosigkeit herauszukommen. Und keiner wird sich auf Dauer versteckt halten können. Also: Lieber Frühling, lass mich in diesen Tagen mutig vor den Spiegel treten und mir selbst in die Augen sehen. Ich will wissen, ob ich blühe. Und Sie spüren es auch.

# Was Sie beim Fasten alles entdecken

Die Frühlingsdiät und Fasten sind immer zweierlei! Das darf man nicht verwechseln. Auch wenn das die eine oder der andere gerne tut. Diät ist das Körperprogramm, der Hausputz des Körpers. Fasten ist Seelenprogramm, der Hausputz der Seele.

Jede Diät achtet immer zu allererst auf den Körper. Und nur auf den! Und dann und wann nur auf die Seele, die in ihm wohnt. Einen schönen Leib zu haben, das ist nicht wenig. Einen schönen Körper zu haben, das tut dem Selbstbewusstsein und damit der Seele schon gut. Aber das ist nicht der Sinn der alljährlichen Übung. Denn was ist das für ein Selbstbewusstsein, das vom schönen Körper und der guten Figur abhängt? Ein ziemlich oberflächliches, denke ich! Kein kranker Mensch und kein alt gewordener Mensch kann da mithalten. Das tiefere Selbstbewusstsein braucht einen anderen Grund als eine gute Figur.

Ich will ja auch nicht verkennen, dass die Disziplin, die mit jeder Diät geübt wird, wichtig ist für Leib und Seele. Ohne Disziplin purzeln die Pfunde ja nicht. Aber der Diät geht es ja nicht um die Disziplin. Sie ist ja nur Mittel zum schönen Zweck. Und wie schlecht sie am Ende doch entwickelt ist, zeigt sich oft kurz nach dem so genannten erfolgreichen Ende der Diät. Da sind die Pfunde wieder da.

Fasten dagegen ist anders. Fasten achtet zu allererst auf die Seele. Und Fasten benutzt die Nulldiät beim Körper, um die Seele zu wecken. Wer fastet, macht nicht nur eine körperliche Erfahrung. Er macht bald nach Fastenbeginn, um den dritten Tag herum auch eine tiefe seelische Erfahrung. Er spürt wie viel Kraft im normalen Leben der Verdauungsapparat braucht. Essen und Verdauen macht müde. Und wer fastet, nicht isst und verdaut, braucht viel weniger Schlaf. Der Schlaf ist auch nicht so tief. Die Träume liegen nicht für die Erinnerung tief verborgen. Man spürt, dass man träumt und kann die Bilder behalten. Gottes Traumbotschaften erreichen endlich die Seele.

Fasten bei Nulldiät mit viel, viel Wasser, ein paar Gemüsebrühen, Einläufen und Wandern muss schon mindestens sieben Tage dauern. Dann kommt die nächste Entdeckung: Die Leichtigkeit des Seins! Die Entdeckung, dass der Körper schlau ist und das größte Wunderwerk der Schöpfung. Und ihre Seele darf darin wohnen.

Probieren Sie es endlich aus! Dieses Jahr! Suchen Sie ein paar Menschen, die mitmachen. Auf Entdeckungsreisen sollte man nicht allein sein, auch wenn es nach innen geht. Warum in die Ferne schweifen, wenn das Tiefe liegt so nah?

## Machen Sie auch den Gänseblümchen-Test?

Es ist Mai. Und es ist wieder Zeit für den großen Gänseblümchen-Test. »Sie liebt mich! Sie liebt mich nicht!« Jetzt müssen die armen kleinen Gänseblümchen wieder daran glauben. Sie werden, grob gesprochen, auf dem Altar der Menschen geopfert. Sie sollen dafür sorgen, dass die Unsicherheit in der Seele des Menschen der Sicherheit Platz macht. Die Blütenblätter sollen weissagen. Mit ihrer Hilfe will man einen Blick in die Zukunft werfen. Sie werden einzeln herausgezupft, um endlich ein Zeichen des Zufalls oder des Himmels zu erhalten. Und mit welchem Satz – »Sie liebt mich!« oder »Sie liebt mich nicht!« – der Blütenkelch leer ist, der wird Wirklichkeit werden.

Mitten im aufgeklärtesten Zeitalter der ganzen Weltgeschichte lebt der alte Glaube an die Zeichen der Götter, die überall zu finden sind. Besonders in den einfachsten Dingen. So wie im Kaffeesatz, der sich zufällig auf dem Grund der Tasse absetzt, Teile unseres Unterbewusstseins anregt und aufweckt und ins Bewusstsein steigt und ahnen lässt, was auf uns zukommt. Die Macht der Magie kehrt zu uns zurück!

Daran haben alle christlichen Priester nichts ändern können. Die Magie des Volkes lebt. Und wer genau hinsieht, bemerkt, dass sie nie ganz verschwunden war. Statt sie auszurotten, verlegten die Priester sich schließlich aufs Veredeln. Und aus den feurigen germanischen Weihenächten, die die Rückkehr der Sonne beschwor, wurde Weihnachten. Das Fest der Geburt Jesu. Aus dem Fruchtbarkeits-Kult mit den Eiern wurde das Fest des alle Schalen sprengenden Auferstehungs-Glaubens. Versteckt und bedeckt hat die alte Magie im Untergrund unseres Bewusstseins überlebt und von dort heimlich ihre Befehle nach oben durchgegeben. Denn was steckt dahinter, dass jeder Mensch ein mulmiges Gefühl hat, am Marienaltar eine Kerze auszublasen, die doch die Not eines Menschen gen Himmel tragen sollte? Warum zünden wir überhaupt eine Kerze an, wenn einer von uns gestorben ist? Kann sie wirklich unsere Not gen Himmel tragen helfen? Warum kann man die Zeit unter einer warmen Dusche nicht mehr kontrollieren? Welche Macht hat das Feuer über uns? Warum zieht es uns an wie Motten das Licht? Das Feuer zu Ostern im Freien und das im Kamin in der warmen Stube? Wer hat da wen im Griff? Der Mensch das Feuer oder das viel ältere Feuer den Menschen? Was soll der Milchzahn in der kleinen Schatz-Truhe? Was soll der heilige Christopherus im Auto des abgebrühtesten Taxifahrers bewirken? Warum lieben wir Antiquitäten, Fotoalben, Sammeltassen von Oma? Warum tragen wir heilige Steine in der Tasche? Was soll das Feuerwerk an Sylvester? Und – bitte schön – die zig heiligen Weihnachtsgrüße, die doch nur unsere Briefkästen verstopfen?

Die Magie hat nur einen Zweck: Sie soll unsere Ängste bannen, unser Vertrauen stärken und dabei noch unsere Sinne wach halten. Es funktioniert! Keine Frage!

Aber die Sache mit Jesus geht nicht nur tiefer – sie ist auch einfacher. Denn wer hat schon Kaffeesatz und Gänseblümchen immer parat, wenn er Angst vor der Zukunft hat?

## Wie lange müssen wir auf unsere Seele warten?

Als mein Großvater sich noch um meine Großmutter bemühte, ging er zwanzig, dreißig Kilometer zu ihrem Städtchen zu Fuß, um sie zu sehen und zu lieben. Den Weg kannte er gut. Viele Jahre war er ihn als junger Zangenschmied Woche für Woche gegangen. Mit einer Weidenkiepe auf dem Rücken, voller neu gehauener Zangen, war er über die Berge seiner Heimat gezogen, um seine Arbeit auf dem Markt zu verkaufen. Auto gab es praktisch noch nicht. Gut, die hohen Herren und feinen Damen, die hatten schon eins. Aber nicht das Volk. Das Volk ging, wie mein Großvater, zu Fuß. Und wenn man weiter musste als in die nächste Stadt, dann nahm man das Pferd oder die Pferdekutsche. Das war in der guten alten Zeit die schnellste Art, von einem Ort zum anderen zu kommen. Das war immer schon so, solange die Menschen sich erinnern konnten.

Und dann dieser Bruch, erst ein, zwei Generationen her. Seitdem ist viel geschehen. Als wenn eine ganze Welt versunken wäre! Und all das hat einen einfachen Grund: Die Geschwindigkeit, mit der sich Menschen fortbewegen können, ist explodiert. Vor ein, zwei Generationen war mein Großvater Eugen froh, mit dem Pferd die zwanzig, dreißig Kilometer pro Stunde zu schaffen. Und jetzt sind es in den Raumstationen wohl dreißigtausend Kilometer pro Stunde, mit der der Mensch dahinschießt. Nichts hat unsere Welt mehr auf den Kopf gestellt als die Explosion von Geschwindigkeit und Zeit. Nichts hat das Leben der Menschen so verändert, wie innerhalb von Stunden dem Einfluss der Jahreszeiten und seinen Rhythmen gänzlich entfliehen zu können.

Die Indianer der vergangenen Jahrhunderte, die mit dem Pferd unterwegs waren, warteten nach einem langen Ritt noch, bis ihre Seele Pferd und Reiter gefolgt war. Sie war nicht so schnell wie ein Pferd. Die Seele eines Menschen geht nicht schneller als ein Mensch. Erst wenn die Seele den Körper eingeholt hatte, sprachen die Indianer wieder. Man spricht eben nur mit dem Herzen gut.

Wie lange müssten wir im Dezember auf den Kanarischen Inseln warten, bis wir wieder zusammen sind: Körper, Geist und Seele? Wie lange braucht die Seele für 4000 Kilometer in den Süden? Oder ist es möglich, dass wir Wochen und Monate ein seelenloses Leben leben? Entweder hier bei der Arbeit oder dort in den Ferien?

All die vielen tausend Jahre, die wir Menschen schon auf der Erde leben, gab es nur Tag und Nacht, Sommer und Winter, Frühling und Herbst. Vollmond und Neumond und sonst nichts. Man musste sich daran halten. Und jedem Menschen war klar, dass er nur dann alt werden oder überleben würde, wenn er sich streng nach dem Rhythmus der Natur richtet. Und jeder wusste auch, dass er selbst ein Stück Rhythmus der Natur war. Wachen – schlafen, arbeiten – ruhen, kämpfen – fliehen, ausatmen – einatmen, das alles waren doch nur die menschlichen Züge der einen heiligen kosmischen Ordnung. Der Rhythmus des Kosmos war die eigentliche Heimat der Seele. Wer ihn wieder finden will, muss kräftig auf die Bremse treten.

# Magie der Insel

Sie sollten auf eine Insel fahren! Da erholen Sie sich. Auf einer Insel sind Sie normalerweise dem lieben Gott am nächsten! Und das ist immer Erholung pur – bestimmt!

Die Insel wird Ihnen helfen. Mutter Erde hat nämlich für ihre Kinder ein paar Orte unter dem Himmel reserviert, wo die Menschen ihre Seele wieder finden können. Denn nur das ist die wahre Erholung: Die Seele wieder finden und sie einfach baumeln lassen zwischen Himmel und Erde! Im Urlaub können Sie die Seele wieder finden, die Ihnen in der Hektik des Lebens verloren gegangen zu sein scheint. Und eben auf einer Insel entdecken Sie sie am ehesten wieder. Fast ganz automatisch, es geht wie von selbst.

Es fängt an wie immer: mit Kofferpacken! Aber Ihre Seele, die übers Jahr unter tausend Sorgen dahinvegetierte, wittert schon jetzt Morgenluft. Denn wer vereist, muss fast alle sieben Sachen zu Hause lassen. Zwangsläufig! Erholung beginnt nämlich damit, dass man möglichst viel hinter sich lässt. Am besten alles! Je weniger Koffer, desto größer die Erholung.

Und während Sie jetzt mit wenig Gepäck zur Küste fahren, reichen ein paar Minuten Nachdenken, warum Sie sich eigentlich entschlossen haben, auf einer Insel Urlaub zu machen. Der Sand und der Strand können es doch nicht sein! Sand und Strand gibt es zu viel günstigeren Bedingungen an der ganzen Küste! Und Sonne auch. Also warum ausgerechnet auf eine Insel? Was ist das?

Es ist doch sogar völlig unvernünftig, auf eine Insel zu fahren. Als wenn man geradezu den Verstand verloren hätte: Auf einer Insel ist alles doch viel teurer! Sind Inseln stärker als der Verstand, der einen das ganze Jahr über knechtet? Inseln ziehen die Menschen magisch an.

Und dann kommt der magische Moment, in dem das Schiff vom Festland ablegt. Wo stehen dann die Passagiere? Sie schauen immer zurück. Sie schauen zurück an Land. Denn in diesem Augenblick lassen sie für Momente alles hinter sich. Davon haben sie immer geträumt: Einmal alles hinter sich lassen können! Einmal ganz frei sein! Einmal neu aufbrechen können zu neuen, reinen Ufern! (Deswegen ist meine kleine Seele ja auch immer so sauer, dass man nach Sylt mit einem Zug fährt, in dem man das Auto nicht mal verlassen muss. Das ist für meine Seele ein richtiger Betrug! Sie kann nicht ablegen vom festen Ufer. Und erst Sylt selbst macht wieder klar, dass der Hindenburgdamm ein einziger magischer Fehler war!)

Die Magie der Insel lebt davon, dass Menschen kommen, die für Wochen alles hinter sich lassen wollen. Sie sind wie Klöster, in denen man für ein paar Tage oder Wochen die Seele wieder finden kann. Einfach dadurch, dass man alles hinter sich lassen konnte.

Und in irgendeinem Moment zwischen Wind, Sand und Sternen taucht Ihre Seele ganz aus der verschütteten Tiefe des Herzens auf. Und Ihre alte Seele lässt Sie tief atmen. Es ist, als ob sie Luft holt: viel Luft, viel Himmel, viel Weite, viel Horizont und Unendlichkeit. Und auf all das will sie antworten. Sie will schweigen, staunen, zuhören, beten, singen und tanzen. Sie ist wieder da und will mit Ihnen Ihr Leben leben. Ganz bestimmt.

# Der Herbst bringt uns den Himmel wieder näher

Es ist Herbst. Und wenn sich Sie sich für ein paar Augenblicke irgendwo anlehnen möchten, weil die eigene Seele erschöpft ist, dann finden Sie für sich im Herbst eine ganz besondere Stimmung vor. Es ist eben eine besondere Zeit, der Herbst. Er ist für uns Menschen mehr als nur eine Jahreszeit. Denn in der Ruhe des Herbstes liegt die ganze Kraft des vergangenen Jahres. In ihr hat sich alles versammelt: die Stille des Winters, der Aufbruch des Frühlings und das Wachsen des Sommers.

Bevor die Stürme kommen, bringt der Herbst eine große Ruhe mit sich. Wer die Ruhe des Herbstes tief in sich aufnehmen kann, muss den Winter nicht fürchten.

Lassen Sie jetzt einmal alle Ihre Aktivitäten ruhen. Schließen Sie ruhig die Augen. Und dann schauen Sie für einen Moment versunken zurück auf all Ihre Anstrengungen, Ihre Mühen und Sorgen.

Dann werden Sie für sich in der Ruhe des Herbstes eine uralte bäuerliche Erfahrung machen können. Es ist die Entdeckung einer tiefen Dankbarkeit. Sie liegt da, als wenn sie nur darauf gewartet hätte, von Ihnen in diesen Tagen wieder gefunden zu werden. Man muss sich nur auf sie einstimmen. Der Herbst macht es einem einfach.

Es war und ist nämlich nicht das eigene Verdienst, dass aus dem, was man sich vorgenommen hatte, auch wirklich etwas wurde. Wie viele gute Vorsätze waren schon am nächsten Tag nichts mehr wert? Sie waren zu leicht dahergesagt. Der Wind hat sie einfach mitgenommen. Wie Spreu hat er sie verweht! Und wie viele gute Vorhaben mussten irgendwann im Laufe des Jahres doch aufgegeben werden? Der Boden für sie war einfach nicht bereitet. Er war einfach zu hart und zu steinig. Es war nicht an der Zeit. Es war immer auch Zufall, Glück, Segen und Fügung im Spiel des Lebens.

Denn es ist immer noch eines, zur rechten Zeit die richtige Idee zu haben, zu säen, zu arbeiten und für sein Ziel und den Erfolg zu schuften. Und es ist immer noch ein anderes, dass beizeiten auch die Sonne scheint und der Regen fällt und alles in die Scheunen kommt. Glück muss der Mensch schon haben. Oder, um es in der Sprache des alten Wissens zu sagen: Man braucht das Gefühl, gesegnet zu sein. Ein guter Stern muss über dem Leben stehen. Und man muss ihn auch wahrnehmen können. Man muss ein Auge für den Himmel haben. Man muss ihn in der Nacht sehen können und am Tag von ihm wissen. Er ist da! Auch wenn man ihn nicht sieht. Er ist da und strahlt und geht mit dir auf all deinen Wegen.

Der Herbst lässt diese Erfahrung wieder reifen. Still lädt er dazu ein. Und er wird es auch bei Ihnen wieder an den Tag bringen.

## Im Herbst des Lebens: Warum ziehen wir uns nicht bunter an?

Ihr lieben Leserinnen und Leser, die ihr genau wie ich auf den Herbst des Lebens zuwandert! Wir sollten unseren Kindern und Kindeskindern eine Herbstlektion erteilen. Und zwar eine ziemlich bunte.

Denn es ist schon ziemlich komisch anzusehen, dass die Menschen unserer Breiten sich grau und grauer kleiden, je älter sie werden. Was soll das? Wir könnten doch den Herbst mit seinen bunten Blättern und Farben zum Lehrmeister nehmen. Wir könnten doch alle jahrzehntelang unterdrückten Sehnsüchte, auch einmal knallig bunt durch das Leben zu laufen, jetzt leben? Wenn nicht jetzt, wann sonst? Wir, die Menschen jenseits der Lebensmitte, sind der ›Indian Summer‹ unseres Volkes.

Unsere Kinder meinen verpflichtet zu sein, Mode zu tragen, die alle tragen. Und so sehen sie ja auch alle aus. Hat ein Mädchen eine bauchfreie Hose, haben sie sie alle. Und hat eine Frau die Schuhe, wo die Spitze zum Entenschnabel wird, dann tragen sie sie alle. Und trägt einer die Markenjeans von XY, dann tragen sie sie bald alle. Und keinem fällt so sehr auf, dass es auch nur eine Uniform ist, die alle gleichmacht. Unsere Kinder scheinen das machen zu müssen. Sie fürchten sich, nicht »in« zu sein, wenn sie ihren eigenen Farbwünschen folgen würden. Das scheint ja auch nicht ganz dumm zu sein. Schließlich arbeitet die Natur genauso. Im Frühling sind schließlich alle Blätter gleich grün. Aber wir könnten doch! Wir Menschen jenseits der ewigen Jugend?!

Wenn unsere Kinder, ohne dass sie es groß merken, sich ein Vorbild an der Natur nehmen und sich alle uniform kleiden, dann machen wir es ihnen gleich und kleiden uns aufregend bunt.

Und von der Parkbank träume ich, auf der die Alten sitzen. Gekleidet in den Farben des Herbstes: mal in Pink und mal in Gelb und dann in Grün und da und dort schon in Braun, um so das Leben in ihrer Erinnerung Revue passieren zu lassen.

Und wenn ich dazwischensitzen darf, dann reserviert mir einen Platz für Blau; denn Blau ist meine Farbe. Sie erinnert ein wenig an den Himmel. Und das war immer schon mein Thema. Denn die Farbe, die wir lieben, erzählt schließlich etwas über unser Wesen.

# In diesen dunklen Wochen baut unsere Seele sich ein kleines Nest

Unsere Seelen haben sich noch nicht darauf eingerichtet, dass elektrischer Strom in unserer modernen Zeit jede dunkle Nacht zum helllichten Tag machen kann. Schließlich ist die Erfindung von Strom und Elektrizität noch nicht alt. Unsere Seelen richten sich daher, wie seit all den Jahrtausenden vor uns, eher nach der Sonne, nach Mond und Sternen aus. Und Sonne, Mond und Sterne signalisieren wie seit Jahrmillionen, dass die Zeit der Helligkeit vorbei ist und wieder einmal die Zeit der Dunkelheit beginnt. Es ist die Zeit, in der folglich die Dunkelheit die Seelen mehr regiert als die Sonne. Wir müssen uns also, ob wir wollen oder nicht, wieder mehr mit unseren Dunkelheiten vertraut machen. Unsere Seelen verlangen danach. Denn in diesen immer dunkler werdenden Tagen bekommen die Augen auch immer weniger zu sehen. Ihre Zeit ist vorbei. Jetzt beginnt die Zeit der Ohren. Jetzt beginnt die Zeit des Erzählens und Hörens. Jetzt beginnt die Zeit des In-sich-hinein-Horchens.

Unsere Seelen nutzen die dunklen Zeiten, um zurückzuschauen und in der Erinnerung zu stöbern und aufzuräumen. Sie kehren in sich, sagt unsere Sprache. Sie machen sauber und bauen sich ein kleines Nest. Wie Kinder, die schon seit Wochen nicht mehr draußen spielen, sondern sich auf einmal auf dem dunklen Dachboden rumtummeln und Buden und Verstecke bauen, ziehen wir Großen und Erwachsenen uns zurück. Denn auch in der größten Dunkelheit gibt es etwas zu entdecken, zu ordnen und zu bauen und neu anzulegen.

So führt uns im dunklen November unsere Erinnerung oft genug zu den dunkelsten Stellen unserer Erinnerung. Sie führt uns zu den Friedhöfen. Da steht man, seufzt, bückt sich, zupft ein wenig am Grabschmuck herum, macht Ordnung und wie wenn es uns schwer fallen würde, von den Gräbern der Lieben Abschied zu nehmen, lassen wir ihnen ein Licht zurück. Und Licht bedeutet Wärme und Geborgenheit. Und irgendwann dann taucht die innere Entdeckung auf, dass nicht nur die Friedhöfe der Stadt wachsen.

Es wachsen eben auch die ganz persönlichen unsichtbaren Friedhöfe um uns Menschen herum. Vor Jahren war es nur ein Grab, das man dann und wann besuchen ging. Das Grab der Großeltern vielleicht und da und dort auch schon das Grab eines Lebenspartners oder sogar das Grab eines Kindes. Jedes Jahr werden es mehr. Als wenn jede einzelne Seele sich in ihrem Innersten ihren eigenen Friedhof anlegen müsste, um eines Tages nicht in der Fremde begraben werden zu müssen.

## Knospen im November

Die welken Blätter hatten sich wie ein wärmender Mantel dicht auf das ganze Grab fallen lassen. Nicht ein Stück der frischen Erde war mehr zu sehen. Der Wind hatte an diesem Morgen auch aufgehört zu wehen, und es war nicht mehr ganz so kalt. Da stand die Frau wie jeden Morgen vor dem frischen Grab ihres Mannes. Doch es war das erste Mal, dass sie die Blätter auf dem Grab liegen lassen konnte. Sie stand da und schaute sie nur an. Bis vor ein paar Tagen noch hatte sie jedes Blatt vom frisch abgeräumten und hergerichteten Grab ihres Mannes genommen. Es hatte ihr geradezu wehgetan zu sehen, wie wenig sich die Blätter an ihrem Grab störten. Als wenn dies nicht ein besonderes Fleckchen Erde wäre! Jeden

Morgen sah es wieder so aus, als wenn hier nichts verborgen wäre. Also weg mit den Blättern! Nichts sollte sich zwischen sie legen dürfen. Kein Blatt, kein Unkraut! Nicht einmal die grobe, oft steinige Erde! Die Steine, die ihr beim sorgsamen Harken nach oben kamen, hatte sie alle vom Grab aufgelesen. Die Liebe zu ihrem Mann sollte frisch bleiben wie am ersten Tag.

Aber der Herbstwind war stärker gewesen. Stärker und beständiger. Heute Morgen hatte sie endlich kapituliert. Sie gab auf. Es war wie ein zweites Loslassen für sie. Es war auch ein zweites Betten ihres Mannes. Das, was sie ihrem Mann damals auf dem Sterbebett als letzten Liebesdienst erwiesen hatte – ihn zu waschen, ihn anzuziehen, die Haare zu kämmen, die Hände zu falten, um den Frieden zu spüren, all das wiederholte die Natur auf ihre Weise und mit ihren Mitteln. Sie deckte ihn zu. Sie schmückte die Stelle, wo er lag. Und es schien ihr zum ersten Mal schön. Frieden war zu spüren. Als wenn man erst aufgeben müsste, um den Frieden zu spüren, dachte sie. Frieden, gegen den man sich Monate lang gesperrt und gewehrt hatte.

Zum ersten Mal sah sie die Blätter liebevoll an. Wo kamen sie eigentlich her? Ihr war ganz in Vergessenheit geraten, dass sie sich damals mit dem Friedhofsgärtner einen Platz für ihren Mann ausgesucht hatte, der nicht weit von einer großen Linde lag. Der Baum hatte irgendwie etwas Bergendes an sich gehabt. Ein guter Platz für ein Grab. Jetzt schaute sie nach diesem Baum. Kaum ein Blatt hatte dem Angriff des Herbstwindes standhalten können. Die Äste und Zweige waren kahl. Alles Schöne schien die Linde verloren zu haben. Und alles hatte sie abgegeben, all ihren Schutz und jetzt ihre Blätter. Einfach alles! Schutzlos stand sie da, die Linde. Frösteln Bäume auch? Erst jetzt fiel der Frau auf, wie ähnlich die Linde empfinden könnte. Wie verwandt sie dem Baum auf einmal schien! Sie war nicht allein. Bevor sie sich wieder vom Grab ihres Mannes verabschieden würde, würde sie den Baum streicheln gehen. Es sieht ja niemand.

Als sie zu ihm geht, macht sie eine merkwürdige Entdeckung. Wo gestern und vorgestern noch die gelben und bunten Blätter der Linde den Blick auf die Zweige verstellten, genau da, wo sie der Herbstwind der letzten Tage von den Zweigen gefegt hatte, waren auf einmal kleine Knospen zu sehen. Mitten im Herbst! Die müssten doch schon länger da gewachsen sein. Nur bemerkt hatte sie sie nicht. Knospen im November.

# *Glaube*

## Vom Geheimnis, das Sie dem Himmel näher bringt

# Die Reise

Die tiefste Erfahrung jeder Religion ist, dass das Leben am besten wie eine große Reise angegangen werden kann. Irgendwo sind wir unterwegs. Von irgendwoher nach irgendwohin. Erleuchtet auf diesem Weg sind gerade ein paar Jahre um uns herum. Wie meine Straßenlaterne den Heimweg meiner Kindheit aus dem Dunkel des Abends holte. Start und Ziel der Reise aber liegen im Dunkeln. Und was wir lernen müssen, ist nichts anderes als das Grundgesetz des Wanderns und Reisens: Abschied nehmen zu seiner Zeit. Das ist so schwer zu lernen. Das Herz weiß Bescheid. Ich kann's oft dennoch nicht!

Loslassen und die Hände ausstrecken für jeden neuen Anfang, für jeden neuen Menschen, das ist so schwer. Tausende Sachen abzuschütteln, ob sie nun gerade sichtbar oder unsichtbar sind, die wir auf der Reise nicht mehr brauchen können, ist so hart. Gepäck, das uns hindert, aufrecht zu gehen oder zumindest so aufrecht wie möglich zu gehen, gibt es reichlich. Man geht auch krumm, wenn man die Lasten des Lebens nicht auf den Schultern, sondern auf dem Herzen trägt. Schauen Sie sich nur um! Den Körper kann man betrügen, der weiß zu viel! Der war eben überall dabei!

Das Leben als Reise, als wenn die großen Religionen der Weltgeschichte nur immer wieder inszenieren, dass unsere Ahnen als Jäger und Sammler tatsächlich unterwegs waren. Nomaden des Lebens mit Zelten und Tieren: sie sind unterwegs zu neuen Weideplätzen, um lebendig zu bleiben. Und ihre Zauberer, ihre Schamanen, ihre Medizinmänner und -frauen, trieben sie immer wieder an, wenn sie bleiben wollten. Denn bleiben bedeutete sterben. Manchmal drohte einem eben das alte Wissen von der großen Reise verloren zu gehen. Einfach, weil man bleiben will. Die Menschen sind gut, der Wein schmeckt, was soll das ganze Reisen? Es schmerzt so! Es ist so mühsam und voller Strapazen!

Vielleicht kann ich das Leben anhalten. Vielleicht übersieht es mein Halten?

Doch das Leben übersieht nichts!

Das Leben schickt umgekehrt unübersehbare, unüberhörbare Signale zum Aufbruch. Es sendet nicht nur unangenehme, sondern auch verlockende: Urlaub zum Beispiel, wenn man unruhig wird, weil die Ferne lockt, das neue und einfache Leben. Da kommt es dann wieder, das alte, fast zugepflasterte und zugebaute Wissen, und bietet mitten in der goldenen Stadt wieder seine ursprüngliche Erfahrung an: Nimm Abschied, lass los, komm, streck die Hände nach neuem Leben aus! Ohne Vorgärten! Direkt! Du wirst auf neues Leben stoßen! Keiner kann das Leben anhalten oder es gar verlängern. Aber wer es als Reisender lebt, wie ein Pilger, der von irgendwoher kommt und irgendwohin zieht, der wird es vertiefen können.

# Mein Erlebnis in einer Frauen-Runde, die auf einen Engel wartete

Warum erscheinen die Engel immer eher den Frauen als Männern? Und warum erzählen viel mehr Frauen von Engelerfahrungen als Männer? Die Antwort ist einfach: Frauen sind für die Botschaften der anderen Wirklichkeit empfänglicher. Sie sind empfänglicher, weil sie überhaupt empfänglicher als Männer sind. Empfangen ist eben ihr Wesen. Und so sitze ich am Bodensee in einem alten Bauernhaus einer Runde Frauen gegenüber, die sich hier verabredet haben, die Botschaft ihrer Engel zu empfangen. Und ich bin skeptisch. Was wird hier gleich passieren? Wird eine der Damen in Trance fallen und undeutliche Worte, die aus dem Jenseits stammen sollen, murmeln? Nichts von alledem. Stattdessen hat es sich die Runde bequem gemacht und wartet offenbar darauf, dass sich ein Engel bei der Gastgeberin der Runde ankündigt. Wir warten nur ein paar Sekunden. Da stellt sich, durch das Medium vermittelt, ein Engel mit Namen »Elion« vor.

Kann ja jeder sagen, denke ich. Und warum tragen die Engel des Universums und des universalen Gottes eigentlich jüdische Namen? Skepsis ist geboten. Vielleicht filmt hier irgendeiner für »Vorsicht Kamera«, wie Fliege auf eine Engelsforscherin reinfällt?

Am besten, ich lasse einmal in der anderen Wirklichkeit anfragen, wie es meinen lieben Verstorbenen geht. Der Engel müsste doch wissen, wer mir der Liebste auf der anderen Seite der Wirklichkeit ist.

»Warte!«, sagt das Medium oder Elion, ich unterscheide nicht. »Warte!« Und dann beschreibt mir Elion tatsächlich den Menschen, von dem ich immer schon den Eindruck hatte, er ist zwar vor Jahren gestorben, aber unsichtbar bei mir, wenn es wieder einmal eng wird im Leben. Ich alleine weiß in diesem Raum, dass er hier auf der Erde ein Tänzer war. Und jetzt empfiehlt mir eine perfekt formulierende Stimme, dass ich durchaus leichtfüßiger durchs Leben tanzen soll.

Und dann weiß er noch etwas, was nicht einmal ich weiß. Meine Talkshow soll ich noch ein bisschen machen, bis in fünf Jahren etwas völlig Neues kommt.

Nachdenklich fahre ich heim.

## Das Geheimnis des Pilgerns

Kommt Maria, die Mutter Jesu, jetzt regelmäßig ins arme Saarland? Zumindest sieht es so aus, seit drei katholische junge Frauen erzählen, im kleine Ort Marpingen sei ihnen im Wald an der Quelle wieder einmal die Heilige Jungfrau erschienen. So wenigstens berichten es die Zeitungen.

Wenn sie mich fragen, ob das wohl stimmen könnte und mit rechten Dingen zugehen würde, kann ich nur sagen, dass ich nicht dabei war und muss Ihnen die Antwort schuldig bleiben.

Aber merkwürdig ist es schon, dass sich diese Marienerscheinungen so häufen. So merkwürdig, dass nicht einmal der zuständige Bischof von Trier daran glauben will oder kann. Er hat jetzt eine Kommission eingesetzt, die soll die Wahrheit finden. Wahrscheinlich wird diese Kommission nichts anderes finden, als jetzt schon zutage liegt. Die Umgebung von Marpingen hat eine gewisse mystisch-magische Ausstrahlung. Viele Menschen sind schon seit Jahrhunderten dorthin gepilgert, um bei einer Quelle zu Maria zu beten. Und mancher kann auch davon berichten, dass ihm diese kleine Wallfahrt in den Wald von Marpingen geholfen hat. Ein Opernsänger erzählte mir, dass er nach langen Gebeten an der Quelle am nächsten Tag einen entscheidenden Tipp bekam, was denn die Ursache seiner chronischen Infektion sein könnte. War das Zufall oder war es die Hilfe der Mutter Gottes? Wer kann das schon sagen? Das weiß auch keine heilige Kommission. Und über die seelische Verfassung der drei jungen Frauen, die die regelmäßigen Erscheinungen haben, wird man seitens der bischöflichen Räte wohl vornehm schweigen.

Und ich will auch nicht spotten, Gott bewahre mich davor. Wie viele Menschen haben schon in Wallfahrten und Pilgerfahrten ihr Heil gefunden?! Spotten ist nicht am Platz. Aber doch der kleine Hinweis, das Sie nicht unbedingt ins Saarland fahren müssen, um Jesu und seiner Mutter Hilfe zu erflehen. Es reicht der Boden zu Ihren Füßen. Jeder Boden, jedes Fleckchen Erde ist dem Vater der Welt genauso heilig wie die Quelle von Lourdes. Ein Dornbusch in der Wüste Sinai, an dem Mose seinen Gott traf, war ihm genauso heilig wie der Ort, an dem er uns Menschen mit seinen Engeln erschien. Also, Sie müssen nicht ins Saarland reisen, um gesund zu werden.

Was aber helfen kann und das ist das Wichtigste an den vielen Prozessionen und Pilgerreisen noch Marpingen und sonst wohin – das ist die Gemeinschaft der Rufenden rechts und links und vor einem und hinter einem, endlich einmal Menschen, die nicht lachen, wenn man in seiner Not auf die Knie fällt! Das tut so gut, sich so gestärkt auf die Knie fallen lassen zu können! Da kann man als hilfloser Mensch das Gefühl bekommen, dass so manche Verkrampfung auf einmal wie durch ein Wunder aufgelöst wird. Gott sei Dank!

# Von der Gier zur Dankbarkeit

Was Sie schon immer über Religion wissen wollten: Wozu ist sie überhaupt gut? Ganz einfach! Wenn ein Mensch wie eine kleine Brettspielfigur ganz neu auf die Welt kommt, hat Religion über Jahrtausende hinweg die Erfahrungen der Menschen über die Stationen der Lebensreise gesammelt. Religion liefert sozusagen das Spielfeld und die Regeln. Religion sagt, wie es losgeht und wo es enden wird, wenn das Leben gut läuft. Religion weiß, dass auch in den modernsten Gesellschaften das Leben nach einem uralten Muster ablaufen wird.

Anfangen tut es auf der ganzen Welt immer gleich. Ein Baby kommt gierig auf die Welt. Auch im Computerzeitalter ist das nicht anders. Der kleine Mensch will alles und kann noch nichts geben. Er will Milch um jeden Preis. Aber wenn das Baby im ganzen Lebensspiel so gierig bleibt wie in den ersten Tagen, Wochen und Monaten, wo es geboren wurde, wird es nicht weit kommen. Es wird dann aus dem Lebensspiel rausgeworfen wie bei »Mensch – ärgere dich nicht.« Die lebenswichtige Gier des kleinen Menschen muss langsam verwandelt werden. Denn das Ziel des Lebensspiels ist auf der ganzen Welt überall gleich. Das Ziel des Lebens ist genau umgekehrt wie der Anfang: Das Ziel ist, alles geben zu wollen und nichts mehr haben zu wollen. Waren die Händchen des kleinen Menschen bei der Geburt noch eine kleine Faust, so liegen sie bei einem lebenssatten und sterbenden Menschen ganz offen da.

Und die Religionen dieser Welt helfen nun, die Reise von der Gier in das Land der Dankbarkeit zu bestehen. Station für Station, Spielfeld für Spielfeld, von der Wiege bis zu Bahre.

Alle sieben Jahre wohl gibt es eine größere Krise. Sie ist wie eine Schlangenhäutung. Ein bisschen Gier muss abfallen und ein bisschen Güte, Dankbarkeit und Gnade und Gotteslob muss heranwachsen, um das Ziel nicht zu verfehlen. In den ersten sieben Jahren musst du in der Familie gelernt haben, bloße Gier mit Dankbarkeit zu versöhnen. Bis zur zweiten Station mit 14 Jahren gibt es genug Gelegenheit, das »Dankbarkeits-Programm«, wie ich Religionen nenne, auch mit anderen Menschen zu üben. Ab der Pubertät mit vierzehn geht es darum, mit der anderen Hälfte der Menschheit das Teilen einzuüben und auszutesten. Später dann mit den eigenen Kindern, mit Fremden und Feinden, solange, bis alle »Gier« und alles Begehren aufgehört hat, das Herz verrückt zu machen. Ein Mensch wächst eben nicht nur an Zentimetern und Kilos. Er nimmt auch zu an Charakter, Geist und Seele.

# Was ist der Mensch: freies Wesen oder Werkzeug?

Mit Zwanzigjährigen kann man nicht gut darüber reden, ob der Himmel uns Menschen wohl unsere Lebenswege führt. Oder ob es nicht doch unser Verstand und unser Wille ist, der bestimmt, welche Wege wir im Leben einschlagen. Aber Sie, liebe Leserinnen und Leser, Sie sind, denke ich, alt genug, um mit mir darüber nachzudenken.

Die großen Lehrer aller Zeiten lehrten nämlich, dass wir Menschen nichts weiter sind als einfache Werkzeuge in der Hand einer großen unsichtbaren Macht. Wir sind wie Tonerde auf der Töpferscheibe des Lebens. Das Leben formt uns nach seinem Bilde. Und wir ahnen ja auch oft genug, je älter wir werden, dass eine andere Macht der allmächtige Töpfer ist. Wir Menschen sind wie Knetmasse, die geformt und gepresst wird von Genen, Trieben, Umwelt und sozialen Verhältnissen.

Das ist eine uralte Weisheit, die gerade für junge Menschen schwer zu verdauen ist. Aber gerade den jungen Menschen erzählten die alten Meister dann eine verblüffende Geschichte. Es war einmal ein junger Mann, der aß einen reifen Apfel. Er aß ihn, weil er Hunger hatte. Der Apfel musste also sterben, damit der junge Mann weiterleben konnte. Eine kurze, einfache Geschichte. Aber sie stimmt nicht. So sieht sie nur der Mensch. Der Apfel sieht das anders. Und der Himmel auch. Sie erzählen die Geschichte völlig anders.

Für den Himmel und Mutter Natur ist der Mensch nur das unwissende blinde Werkzeug, dass dafür sorgt, dass der Apfel nicht stirbt, sondern weiterleben kann. Schließlich wird der junge Mann spätestens ein paar Stunden nach dem Verzehr des Apfels ein stilles Örtchen aufsuchen. Und die Apfelkerne kommen weit entfernt vom alten Apfelbaum wieder ans Tageslicht. Umgeben von bestem Mist. Beste Bedingungen also, um

Wurzeln zu schlagen und in ein paar Jahren zu einem Apfelbaum heranzuwachsen. Was also ist der Mensch? Ein freies Wesen oder doch nur ein Werkzeug, ein Medium von Himmel und Erde?

## Die Salbung mit Öl – ich erfuhr sie am eigenen Leib

Ich zog meine Kleider aus und setzte mich vorsichtig hin. In dem leicht verdunkelten Raum warteten alle, bis es ganz ruhig wurde. Dann traten sie einen Schritt auf mich zu und salbten mein Haupt mit Öl. Vorsichtig nahmen sie immer wieder eine Hand voll warmes Sonnenblumenöl und träufelten es wortlos in meine Haare. Dann spürte ich ihre warmen weichen Hände auf meinem Kopf. Ich atmete tief, und in mir wurde es warm, sanft und weich. Und liebevoll: Das Öl hat offenbar die Kraft, die Sanftmut des Herzens zu wecken. Und langsam, fast vorsichtig öffnet sich mir eine merkwürdige, uralte königliche Erkenntnis: Sie salben mein Haupt mit Öl!

Da spricht seit meinen Kindertagen die ganze Bibel davon, was es für ein königlich gutes Gefühl ist, wenn ein Mensch mit Öl gesalbt wird, und ich muss bald fünfzig Jahre alt werden, um es endlich einmal selbst auszuprobieren. Sie salben mein Haupt mit Öl und besänftigen all meine Verhärtungen und Aggressionen. Bis jetzt bestand der heilige Psalm mit dem Öl für mich nur aus Buchstaben. Jetzt aber wird aus toten Buchstaben auf einmal lebendige Erfahrung.

Nur, dass ich nicht König von Israel bin, kein König David und kein König Salomo, denen diese alte Zeremonie zur Inthronisation diente: duftende Öle auf Haupt und Glieder, die den Menschen erst zu einem Menschen machen, der sanft und vorsichtig die anderen führen und regieren soll. Öl – das war das Kostbarste, was es in einer Halbwüste überhaupt gab! Kostbarer als Perlen und Gold. So kostbar und heilsam, dass man damit das Ziel und Ende der ganzen Weltgeschichte ausmalte:

Am Ende aller Zeit würde ein Mensch kommen, den sie »den Gesalbten« nannten, »den Messias«, den König der Könige, den neuen Menschen, den Heiland. So sanftmütig würde er sein wie ein gesalbter Mensch. So geschmeidig, so wenig hart und verhärtet, dass alle Welt sich nach ihm richten würde.

Doch ich bin kein Jesus. Ich bin ein Mensch voller Verhärtungen an Leib und Seele. Da salben sie mich.

Ich war nämlich wieder einmal für einige Tage unterwegs, fernöstliches Wissen am eigenen Leib zu erfahren. Zum Beispiel die Medizin der 5000 Jahre alten Ayurveda-Ärzte. Ich wollte erfahren, dass unsere Nahrung unsere wichtigste Medizin und eigentlich keine weitere notwendig ist. Ich wollte begreifen, dass unterschiedliche Menschen wie unterschiedliche Pflanzen auch unterschiedliche Nahrung brauchen. Und dann stoße ich im Fernen Osten auf einmal auf das alte biblische Wissen vom besänftigenden und heilenden Öl. Öl, wie es jetzt warm und irgendwie tröstend meinen Nacken runterfließt. So muss es sich anfühlen, wenn Menschen zu Menschen werden. Hinter der alten Königs-Zeremonie steckt die wunderbare uralte Erfahrung, dass vor dem Heilwerden die Sanftmut, das Herz und die Seele regieren müssen. Und dass nur ein sanfter Mensch ein heilsamer und guter Mensch ist.

Und wir alten Bibel-Leser Mitteleuropas dachten wieder, es reicht, wenn wir unsere Bibel lesen, ohne die Probe auf ihre Wahrheit am eigenen Leibe machen zu müssen.

## Zum Abschied das Versprechen: »Ich bete für dich«

Es ist schwieriger geworden für mich, am Abend mit den Kindern zu beten. Schließlich sind sie jetzt in einem Alter, in dem sie alles, aber auch alles, was die Eltern machen, infrage stellen. Auch das Beten! Die Kinder gehen jetzt ihre eigenen Wege. Und dazu gehört selbstverständlich auch auszuprobieren, wie das Leben ohne Abendgebet funktioniert. Und es funktioniert ja auch ohne Gebet. Brot schmeckt schließlich auch ohne Butter! Ein Stück Entfernung und Fremde drängt sich so zwischen uns. Und die ist trotzdem gut.

Ich werde es abends an ihren Betten in Zukunft mit dem Beten so machen, wie ich es bei manchen Krankenhausbesuchen längst ausprobiert habe: Erst beim Abschiednehmen und Hinausgehen werde ich fast wie nebenbei sagen: »Ich bete für Sie! Ich bete für dich!« Schließlich lässt so ein letzter Satz dem, der da allein und krank in seinem Bett liegt, alle Freiheit. Man muss nicht mehr groß antworten und reagieren. Die Tür ist ja längst wieder ins Schloss gefallen. Und der Kranke kann dem Pfarrer, der im Hinausgehen versprach zu beten, sogar den Vogel zeigen. Der sieht es ja nicht mehr. Oder der Patient dreht sich einfach wieder gelangweilt zurück in die Kissen. Oder aber der kurze Satz zum Abschied, das Versprechen zu beten, wirkt. Und genau das ist meine Erfahrung. Das kleine Versprechen zu beten wird angenommen wie ein kleines, intimes, ja heimliches Geschenk. Man muss gar nicht groß und artig »danke« sagen. Man muss es nicht einmal vor aller Augen nehmen und auspacken und dann auch noch irgendwie zeigen, dass man entweder dankbar ist oder aber enttäuscht.

Gebete für andere sind offenbar solche intimen Geschenke. Denn nie habe ich erlebt, dass ich beim nächsten Krankenbesuch von einem Patienten noch vor dem erneuten Abschiednehmen abgewunken wurde. Sozusagen: »Nett, dass Sie da waren, Herr Pfarrer. Aber beten müssen Sie nicht für mich, Herr Pfarrer!«

Eher schon wartet der Patient darauf, dass der geistliche Besuch sich selber an das kleine Versprechen beim Abschied erinnert und die Sprache darauf bringt. Vielleicht so, dass er davon erzählt, in der Krankenhauskapelle später noch eine Kerze angezündet zu haben. Mehr nicht! Behutsamkeit ist angebracht. Denn Beten ist nämlich der zärtlichste Ausdruck der Seele und verlangt dasselbe Fingerspitzengefühl wie die Liebe selbst. Denn einen Menschen durch seine intimsten Ängste begleiten zu dürfen, ist immer eine Sache der Liebe. Und es ist vielleicht die größte Ehre und Würdigung, die man erfahren kann.

So werde ich es jetzt zu Hause auch machen. Und meine beiden Kinder werden entscheiden, wie nahe ich ihren Ängsten und Hoffnungen, Sorgen und Kummer kommen darf. Denn wer mit der Tür ins Haus fällt, bringt nie Frieden, sondern macht immer nur Wind.

# Der Fremde im ICE

Im ICE sitze ich einem indisch oder pakistanisch aussehenden jungen Mann gegenüber. Sein Anzug, seine Schuhe, seine Krawatte, alles ist von tadellosem Äußeren. Er wird gerade um die dreißig sein. Höflich hatte er die Abteiltür geöffnet, sich umgeschaut und sich auf Englisch nach einem bestimmten, freien Platz erkundigt. Als wenn es nicht gleich wäre, wo er sitzen würde!

Aus den Augenwinkeln mustern wir uns im Abteil. Was mag der Fremde wohl über mich denken? Erkennt er mich, wie mich die Einheimischen oft erkennen?

Wohl kaum! Doch er denkt nicht negativ; denn er lächelt. Und dann versenkt er sich in einen Musterkatalog voller ausgesucht kostbarer Krawatten. Er ist also ein Kaufmann! Ein Kaufmann, der im Land seiner Kunden eben ausgesucht höflich auftreten muss, wenn er denn etwas verkaufen will.

Doch mit einem Mal beginnt er, scheinbar allen Anstand seines Gastlandes hinter sich lassend, die Schuhe auszuziehen. Die Mitreisenden im Abteil schauen sich verstohlen an. Fühlt sich der junge Mann aus Asien hier schon so zu Hause, dass er es sich gemütlich machen will? Man mustert ihn gespannt, was wohl als Nächstes kommen wird. Ausstrecken kann er sich hier nicht und schlafen legen, dafür ist das Abteil zu klein und zu voll.

Doch jetzt fährt er mit seiner linken Hand in seine Hosentasche und holt ein weißes Taschentuch hervor. Neugierig, aber doch hinter unseren Zeitungen und Magazinen verborgen, folgen wir gespannt seinem Tun. Es kann kein Schnupftuch sein, was er da hervorholt. Dafür ist es zu sauber. Und um sich die Nase zu putzen, würde man es jetzt einfach hernehmen und hineinschnäuzen. Er aber faltet es auf seinen Knien sorgfältig auseinander und legt es sich vorsichtig auf den Kopf. Geschickt verknotet er die Enden so, dass er auf einmal ein Kopftuch aufhat.

Der Fremde scheint unsere Blicke zu spüren. Denn er blickt kurz auf, als wolle er stumm um Verständnis bitten. Langsam dämmert mir, was hier abläuft. Könnte es vielleicht sein, dass es gerade so um die fünf Uhr am Nachmittag ist? Und könnte es sein, dass unser Gast im Abteil ein Muslim ist, der seiner Pflicht nachkommt, die ihn anhält, sich fünfmal am Tag nach Mekka zu beugen und zu beten? Hat er vielleicht deshalb den Platz mir gegenüber gewählt, weil er mit einigem guten Willen nach Osten ausgerichtet ist?

Langsam führt er seine Hände vor dem Gesicht zusammen, schließt die Augen und versenkt sich für Augenblicke stumm in eine andere, uns so fremde Welt. Wir deutschen Mitreisenden fühlen uns seltsam gerührt; denn als ich mit einem Mal ebenfalls still die Hände falte, tun es die anderen Reisenden im Abteil mit. Wir wollen den freundlichen Fremden nicht allein lassen. Er soll nicht das Gefühl haben, sein Gebet inmitten einer eher distanzierten feindlichen Umgebung zu tun. Er ruft schließlich seinen Gott an, Allah, der als einziger Gott dann auch unser Gott sein müsste.

Als der junge Mann mit seiner Andacht fertig ist, bedankt er sich bei uns mit einem leichten Kopfnicken. Als wenn er unsere Andacht in seinen Gebeten gespürt hätte.

# Vom »Bitte« zum »Danke« – ein Weg in die neue Welt

Ich kann das einfach nicht! Ich habe es nie gekonnt: Das schöne Händchen schenken, einen Diener machen und immer artig »Danke« sagen – das war für mich immer ein und dasselbe. Das war für mich als kleiner Junge immer das demütigende Programm, den kleinen Jungen klein zu halten und die Großen groß. So habe ich es empfunden. Und auch, wenn ich mich äußerlich dem Druck der Eltern oder Lehrer gebeugt hatte, innen drin blieb ich ein Rebell, der weder Diener machte noch »Danke« sagen wollte.

Das mit dem Diener-Machen hat sich mittlerweile von selbst erledigt. Doch »Dankesagen« müssen, das ist geblieben: Es ist das Wort, das mir immer noch am schwersten fällt. Ich tröste mich oft damit, dass ich vor lauter Arbeit ja gar nicht dazu komme, es ausdrücklich zu sagen. Aber das ist nur eine Ausrede, ich weiß das wohl. Und trotzdem kann ich es nicht. Wer dankt, muss nämlich einen Augenblick stehen bleiben mit seinem Herzen. Man schaut zurück. Man hält geradezu für ein paar Augenblicke seine Welt an und achtet aufeinander. Und achtet sich erst dadurch gegenseitig wirklich. Scheinbar passiert dabei nichts Neues. Doch das stimmt nicht. Bis man aber sieht, dass dabei das einzig wirklich Neue passiert, muss man ganz schön tief schauen lernen. Ich habe es wirklich lernen müsssen. Und bin noch nicht fertig damit.

Ich kann immer noch nicht gut »Danke« sagen. Ich bin immer ganz Kind geblieben, das sich wie selbstverständlich an Mutter Erdes und Vater Himmels Tisch setzt und alles wie selbstverständlich nimmt und nimmt und nimmt – und oft genug gar nicht merkt, dass dieses kleine Schlüsselwort richtige Welten öffnen kann. Dieses Wort erzählt nämlich von einem Gefühl, das aus einer anderen Welt kommt. Das Wort »Danke« ist buchstäblich der erste Bote, der davon berichtet, dass nach diesem Leben noch ein ganz anderes auf uns wartet: Ein Leben, das weniger bittet, bettelt, begehrt, fordert, einklagt, erpresst, herausschlägt und verlangt. Das sind alles Dinge, die unsere Welt prägen. Aber die neue Welt ist anders. Und die Entwicklung, die wir hier, in dieser Welt, machen müssen, geht vom Bitte zum Danke. Durchs Danke-Sagen reifen wir für die neue Welt.

Denn auf diese sichtbare Welt kommt man ohne jedes Dankgefühl. Davon hat man keine Ahnung. Eher lernt man das Wort »Bitte« und versteckt dahinter die Befriedigung all seiner kindlichen und erwachsenen Bedürfnisse. Und wenn man dann alles bekommen hat, geht's gleich weiter zum nächsten Objekt der Begierde. Gier kann nicht stehen bleiben. Auch die frömmste nicht. Sie frisst alles auf.

Wie alt man werden muss, um aus vollem Herzen »Danke« sagen zu können? Ich weiß es nicht. Aber ich weiß: Wenn man endlich spürt, wie schön es ist, »Danke« sagen und spüren zu können, ist man reif für ein ganz neues Leben!

## Die Zehn Gebote sind zehn wichtige Stationen auf Ihrem Lebensweg

»Ich habe schon alle Zehn Gebote gebrochen außer einem!« Das hätte ich am liebsten geantwortet. Aber ein BILD-Mann saß dabei, und ich fürchtete die Schlagzeile: »Fernsehpfarrer bricht alle Gebote.«

Dabei ist es den Zeitungen ziemlich egal, ob ich sonntags gearbeitet oder sonst ein Gebot verletzt habe. Sie wollen immer wissen, ob Geistliche auch Männer sind und anderen Frauen nachschauen und begehren. Die Antwort lautet: Ja!

Aber wo wir bei den Zehn Geboten sind, lassen Sie mich Ihnen kurz erklären, wozu sie da sind. Die Zehn Gebote sind zehn Stationen auf Ihrem Lebensweg. Und alle Menschen kommen an diesen zehn Stationen vorbei. Und die Frage ist immer gleich bei Krisen: Meistert man die Situation oder nicht? Und wenn man sie beim ersten Anlauf nicht meistert: Wächst man an seinen Fehlern und besteht man im Wiederholungsfall? Oder scheitert man immer noch an den zehn Stationen des Lebens?

Die zehn Gebots-Stationen haben sogar eine Reihenfolge, in der sie meistens auftauchen. Und die ist genau umgekehrt, wie die Gebote aufgeschrieben sind. Denn alles und alles haben wollen und begehren, das tun schon die kleinsten Kinder (9. und 10. Gebot). Aber das muss überwunden werden. Und andere Menschen hintenherum zu mobben, lernt man schon in der Schule (8. Gebot). Und stehlen oder nicht stehlen muss auch schon in der Kindheit klar bestanden werden (7. Gebot). Ab der Pubertät kommen dann die Liebe oder eben die Triebe neu ins Spiel des Lebens. Jeder kommt an dieser Station vorbei (6. Gebot). Und dann endet die erste Runde der großen Herausforderungen des Lebens mit dem totalen Stopp bei: »Du sollst nicht töten!«(5. Gebot). Erst wenn diese elementaren Lebensregeln den Menschen haben reifen lassen, geht es in die höhere Schule des Lebens.

Vater und Mutter ehren (4. Gebot) heißt auch, Vater Himmel und Mutter Erde lieben. Der Arbeit spätestens am siebten Tag mit Ruhe und Nachdenklichkeit zu begegnen, wartet auf uns im 3. Gebot. Und in dieser Ruhe und Stille erst öffnet sich der Himmel und macht klar, dass du auf dem richtigen Weg bist, den einen Gott zu treffen, der keine anderen Götter kennt (2. und 1. Gebot).

# Meine Senfkornbibel

Ehrlich gesagt, als ganzes Buch war die Bibel mir nur zweimal in meinem Leben wichtig. Einmal, da war ich noch klein mit dicken Pausbacken. Da wurde sie an langen Samstagabenden als dicke Traubibel der Eltern immer erst unter Vaters Diaprojektor gelegt. Der Apparat auf dem Esstisch stand nämlich viel zu tief, um seine Bilder in der richtigen Höhe auf die Leinwand zu zaubern. Da war die Heilige Schrift als Grundlage unübertroffen. Sie war dick genug, um sofort wirklich etwas zu erreichen. Und groß genug war sie auch, das Gerät ohne Wackeln und Murren bis ans Ende der überlangen Vorträge zu tragen. Sie hatte dabei sogar etwas Geduldiges. Sie ließ sich einfach aus dem Regal nehmen und auf den Tisch packen, immer wieder, ohne irgendwie zickig darauf zu reagieren, dass es bei ihr doch eigentlich eher um ihren edlen Inhalt gehen müsste und weniger um ihre Form. So ein Format habe ich bei wenigen Menschen wieder gefunden. Sie war eben das, was sie war. Die drei dünnen Bände, ›Kaufmännisches Rechnen Eins bis Drei‹, die wir zu Hause auch ab und zu zur Hilfe nahmen, hatten nicht annähernd den selben Erfolg.

Und dann war sie mir ein paar Jahre später als ganzes Buch fast heilig, als ich sie im Taschenformat von meinen Eltern zur Konfirmation geschenkt bekam. Da war sie für mich auf einmal Kult. Ich wollte ja immer schon Pfarrer werden. Und da schien die kleine Bibel den Eltern wohl eine ebenso richtige wie kleine Investition in meine fromme Zukunft.

Meine kleine Senfkornbibel war in Goldschnitt und in schwarzes Leder gebunden. Geschmeidig lag sie da in meiner noch kleinen Konfirmandenhand. Das Papier war hauchdünn wie Seide. Und das frische Gold klebte noch die Seiten zusammen. Jahre später traf ich durch die goldverklebten Blätter noch auf unbekannte Seiteninseln, die nie zuvor ein menschliches Auge erblickt hatte. Nein, ich habe nicht viel in ihr gelesen.

Dafür war sie ja auch offensichtlich nicht gemacht. Sie war kein Buch zum Lesen. Sie war ein Buch zum Anschauen und in die Hand nehmen. Da tat sie ihre positive Wirkung. Als Objekt frommer Begierde war sie hergestellt, ein Kultobjekt in Gold. Gerade ohne sie aufzuschlagen, sollte sie schon ihre magische Wirkung tun. Und sie tat es. Sie war eben von Haus aus geduldig. Genau diesen alten vorgegebenen Kult betrieb ich auch mit ihr. Ich nahm sie überall hin mit. Ich zeigte sie in der Schule herum. Meine Bibel!

So nehme ich sie bis heute mit mir. Ich werfe sie irgendwo zwischen die Anzüge und den Koffer, damit ich nicht einsam bin auf meiner Reise. Ich muss sie nicht mehr lesen. Sie spricht auch so zu mir. Ohne viele Worte. Ich muss sie nur sehen. Dann lese ich in ihr auch auf irgendein Stichwort nach. Sie ist ein Freund geworden, liebgehalten wie ein Kind, das man über Jahre gewickelt und gewickelt hatte, bis es mit eigenen Worten aus seiner eigenen Welt zu einem sprechen konnte. Ein neues Kind mit einer uralten Seele. Es hat lange gedauert. Aber alles braucht eben seine Zeit.

# Das wichtigste Buch Ihres Lebens – Sie schreiben es selbst!

Mit Gott konnte er nichts anfangen. Wie denn auch! Schließlich war er in der DDR groß geworden. Und jetzt – nach über 40 gottlosen Jahren – war da nichts, woran man hätte anknüpfen können, um über Gott zu reden. Kein Pastor und keine Zehn Gebote. Keine Kirche, gar nichts! Und mit neunmalklugen Sätzen konnte ich ihm erst gar nicht kommen. Schließlich saß ich einem Mann gegenüber, der die Klugheit aus Büchern geradezu haufenweise gelöffelt hatte. Marx und Engels, klar! Die großen Philosophen sowieso! Bücher über Bücher stapelten sich die Wände seines Arbeitszimmers entlang.

Ich wollte ihn auch gar nicht »missionieren«. Das ist nicht mein Ding. Er fing damit an. Irgendetwas an mir schien ihn zu reizen. Und so fragte er mich bald frei heraus: »Wie kann ein so gebildeter Mann wie Sie noch an Gott glauben? Sie sind doch mit allen Wassern gewaschen. Wahrscheinlich glauben Sie gar nichts mehr. Genau wie ich! Und jetzt machen Sie mit der Angst der Menschen vor dem Sterben das große Geschäft! Stimmt's?«

»Stimmt nicht!« antwortete ich so knapp wie möglich. Ich musste ihn stoppen. Denn je mehr er sich in seine falschen Verdächtigungen verliebte und verrannte, desto mühsamer würde der Weg zurück sein.

In die kleine Pause des Erstaunens und der Skepsis hinein sagte ich: »Soweit ich sehe, fehlt Ihnen hier ein ganz wichtiges Buch. Vielleicht das Wichtigste überhaupt. Und es ist nicht die Bibel, keine Sorge! Die werden sie sicher irgendwo haben. Das Buch, das Ihnen wahrscheinlich fehlt, ist Ihre eigene Biografie. Das Buch, in dem Sie sich ungeschminkt und ohne alle Eitelkeit Rechenschaft ablegen über Ihr Leben. Das Buch fehlt Ihnen in Ihrer klugen Sammlung. Religion ist nämlich nichts anderes als die Antwort auf die großen Fragen des eigenen Lebens. Und wenn man es alles einmal aufschreibt und sich nicht um die großen Fragen herumschummelt, dann sieht man automatisch etwas tiefer. Es ist so wie der Abstieg von einem Gebirge über den Wolken, die alles verdecken: Je tiefer wir steigen, desto mehr erkennen wir.

Also, am besten fangen wir gleich an: Wem verdanken Sie Ihr Leben? Ihrem Vater, Ihrer Mutter oder wem oder was? Sich selber sicher am wenigsten! Schreiben Sie einmal auf, wem Sie es verdanken, dass Sie Ihre Frau gefunden haben. Dem Zufall? Dem Schicksal? Das sagt vielleicht Ihr Kopf mit all den schlauen Büchern drin. Aber was sagt Ihr Gemüt, Ihr Herz, Ihre Seele? Und woher haben Sie Ihre Kinder? Und was fühlte Ihr Gemüt beim ersten Ostsee-Urlaub bei Sonnenaufgang? Und was seufzte und trauerte tief in Ihnen, als Ihre Eltern starben? Schreiben Sie es auf. Lesen Sie es! Lassen Sie es ein paar Tage liegen und schauen Sie, ob Sie noch tiefer antworten können. Diesmal etwas verträumter, etwas dichterischer!

Wenn sie das tun, sind Sie auf dem Weg, tiefere Antworten zu finden als immer nur ›Zufall‹ oder ›Schicksal‹ zu sagen. Dann sind Sie auf dem Weg der Religionen. Und die sagen nicht unbedingt, dass sie auf die tiefen Fragen eine Antwort gefunden haben. Aber sie haben sich wenigstens nicht über die tiefen Lebensfragen hinweggeschummelt. So gesehen ist Religion eine Frage des persönlichen Mutes, sich beizeiten schon an eine Arbeit zu machen, die einem irgendwann sowieso blüht.«

# *Heilung*

## »Dein Glaube hat dir geholfen«

# Geteilte Geheimnisse

Günther wird damals wohl erst dreizehn gewesen sein, als sein erster erotischer Traum ihn aus der Kindheit weckte. Unruhig und erschrocken rollte er seine Schlafanzughose zusammen, um sie vor seiner Mutter zu verstecken. Schließlich hatte sie ihn ermahnt, die Hände schon beim Einschlafen immer neben sich zu haben. Und jetzt das! Ganz ohne eigene Hände! Doch das Leben ruft einen Menschen immer ganz ohne sein eigenes Zutun in eine neue Zeit.

Als sich die nächtlichen Träume wiederholten, stand er nachts sogar leise auf, um die Spuren mit kaltem Wasser zu verwischen. Mutter durfte nichts merken! Damals war er nicht stark genug, sich von seiner Mutter zu lösen. Und als er später heiratete, heiratete er eine Frau nach dem Geschmack seiner Mutter. Auf jeden Fall war es keine Frau, die seine Erotik und Sexualität als ein großes Geschenk wahrnehmen und annehmen konnte. So wie seine Geliebte es später tat: Die freute sich mit ihm über jedes Spiel, jede erotische Fantasie und jeden Augenblick voller Vertrauen und Schutzlosigkeit, mit denen sich ihr Günther langsam öffnete wie eine Blume in der Sonne. Mit bald vierzig Jahren Verspätung!

Hätte Günther einen guten Vater gehabt, wäre vielleicht alles anders gekommen. Aber der Krieg hatte ihm den Vater genommen. Sein Vater wäre damals sicher in den kritischen Jahren zu ihm gekommen. So wie seit alters her in allen Kulturen der Welt die Väter ihren Söhnen helfen, sich den Weg in die Männerwelt zu bahnen. Vater hätte sicher gesagt: »Komm Günther, es ist wohl soweit, ich muss dir ein Geheimnis erzählen.« Genauso hätte er zu ihm gesprochen. Wie eben alle Männer zu allen Zeiten an allen Enden der Erde ein geheimnisvolles Ritual veranstalten, um ihre Söhne zu Männern zu machen. Sie nehmen sie aus der Familie beiseite, sogar aus dem Dorf, und teilen mit ihnen weit weg von den anderen ein Geheimnis.

Und das ist sicher nicht, wie man seine Kinder zeugt. Das ist für keinen Pubertierenden der Welt mehr ein Geheimnis. Das hat sich bei uns sogar schon im Kindergarten herumgesprochen.

Ohne Geheimnisse teilen geht es aber nicht! Geheimnisse teilen steckt nämlich hinter jeder Konfirmation, Firmung und Jugendweihe, die in diesen Tagen gefeiert wird. Ganz symbolisch, ritualisiert und oft unverständlich teilen die Erwachsenen dort ihre letzte Erfahrung mit den Kindern: Brot und Wein. »Leib und Blut« Christi teilen sie. Und es schauert einen ganz schön beim »Ersten Mal«.

Ohne ein wirkliches Geheimnis mit den Erwachsenen teilen zu dürfen wird man zwar älter, aber nicht erwachsen. Es ist das geteilte Geheimnis, das die Generationen verbindet. Geteilte Geheimnisse sind wie ein Bund. Geteilte Geheimnisse sind die unsichtbaren Orientierungsbänder, die einen Menschen fest an andere binden, damit keiner abstürzt.

Und so träumt Günther davon, dass sein Vater ihm und nur ihm erzählt, dass auch er Schwierigkeiten hatte, aus der Mutterwelt in die Männerwelt zu wechseln. Es könnte doch das Geheimnis sein, dass auch er seine Hände nicht Nacht für Nacht stramm an der Schlafanzughosennaht gehalten hat. Es sind die geteilten Geheimnisse, die uns den Rücken stärken.

# Stille Klopfzeichen

Ich soll ein Gebet schreiben für eine junge krebskranke Frau. Inständig bittet sie mich in Briefen immer wieder darum. Sie war vor vielen Monaten Gast in meiner Sendung zu einem ganz anderen Thema. Aber sie hat offenbar so viel Vertrauen geschöpft, dass sie mich jetzt, wo ihr Leben an einem seidenen Faden hängt, bittet, ihr Fürsprecher im Himmel zu sein.

Soll ich jetzt hingehen und sie belehren, dass ich das gar nicht kann? Ich bin weder ein Heiliger noch Jesus selbst. Der wird schon für sie sprechen, wenn es eines Tages darauf ankommt.

Oder vermutet die junge Frau, dass ich vielleicht die Worte wüsste, die im Himmel eher verstanden würden als das einfache Stöhnen und Seufzen eines geschundenen, kranken Menschen? Als ob man im Himmel und über den Himmel immer heilig sprechen müsste! Nein, wahr muss man reden! Wahr, rein und naiv wie ein Kind. Denn wir sind nichts anderes als die Nesthäkchen der Schöpfung.

Es müssen also keine großen Worte sein, die der Himmel versteht. Es müssen nicht einmal menschliche Worte sein, die der Himmel erhört. Das einfache unwillkürliche Seufzen eines Menschen, der es nicht einmal merkt, wird in der unsichtbaren Wirklichkeit, die wir den Himmel nennen, erhört. Das will ich der kranken Frau schreiben.

Ihr Seufzen, ihr Stöhnen, all das sind die heiligsten Gebete, die ein Mensch von der Erde aus in den Himmel senden kann. Sie sind frei von aller Eitelkeit. Sie sind rein von jedem Handel und Aushandeln, das man in aussichtsloser Situation mit dem Himmel gern anfängt. Das klingt oft so: ›Wenn ich dann und dann noch lebe, dann verspreche ich dir das und das!‹ All das tun die ehrlichen Seufzer nicht. An unseren Seufzern müssen wir uns orientieren, wenn wir beten wollen und uns die Worte fehlen.

Aber unsere Seufzer sind nicht nur Leitstrahlen in den Himmel. Sie führen uns in umgekehrter Richtung auch zum eigentlichen Grund unserer Ängste. Also, wer oder was seufzt da in mir? Will da jemand, will meine Seele, will ich überhaupt erlöst werden? Wovon will ich denn erlöst werden? Von Schmerzen oder von einem ganzen falschen Leben oder nur von einer Krankheit? Von einer Last? Von welcher?

Genauso wird der Himmel fragen und an das Herz der Betenden anklopfen, wenn die stillen Seufzer der Leidenden oben angekommen sind. Die Seufzer sind die stillen Klopfzeichen der Leidenden, damit der Himmel von weit, weit her orten kann, unter welcher großen Last die Leidenden geradezu erdrückt werden.

## Fragen Sie »wozu«, nicht »warum«!

Wer ohne Religion lebt, hat die falschen Fragen. Und in einer Lebenskrise wird er eher in die falsche Richtung gehen.

Das ging mir durch den Kopf, als die ältere Frau mir von ihrem krebskranken Mann erzählte. Doch ohne Glauben und Religion zu sein, ohne Hoffnung und Trost, das ist im tiefsten Tal des Lebens fast normal. Denn je tiefer man gerade durch die Krisen geht, desto weniger Himmel sieht man. Man steckt schließlich in einem Loch. Und nur für den, der gerade oben ist, hängt der ganze Himmel immer voller Geigen.

Also was ist mit dem Mann, der wegen seiner tödlichen Krankheit an allem zweifelt? Wie könnten wir ihm ein Stück Himmel zeigen? Und sei es noch so klein?

»Er fragt den ganzen Tag nur ›warum, warum, warum!‹«, erzählte seine Frau. Und diese Fragen marterten seinen Verstand. Tag und Nacht. Dieses »Warum?« war oft das einzige Wort, das er mitten in der Nacht plötzlich sprach. Und dann war wieder Stille und ein Stöhnen. Und niemand konnte wirklich schlafen und Kraft schöpfen.

Oft habe ich schon erklärt, dass man in solchen Fällen diesem »Warum« auf den Grund gehen muss. Kommt es aus dem Kopf oder kommt es aus dem Herzen? Wenn es aus dem Herzen kommt, gibt es keine Antwort. Dann ist es nur die erwachsene Form, seine Hilflosigkeit herauszuschreien. So weit reicht die seelsorgerische Diagnose. Und wie sieht die Therapie aus?

Ich bat die Ehefrau, ihre Augen zu schließen. Dann sollte sie wie ihr Mann »warum, warum, warum« rufen und sich in die Richtung drehen, wo denn überhaupt eine Antwort liegen könne. Sie schloss die Augen und leise bewegte sie ihre Lippen zum »Warum«. Dann passierte erst einmal nichts. Aber beim zweiten Mal drehte sich schon ihr Kopf, als wenn er nach hinten schauen wollte. Als wenn die Antwort auf das »Warum, warum bin ich krank geworden, warum geht es mir so schlecht?«, immer hinter einem zu suchen sei, in der Vergangenheit.

Ich nickte und sagte ihr zudem, dass der Warum-Frager auch nicht nach vorne schauen und sich auch nicht bewegen könnte. Er könnte dann ja die mögliche Antwort verpassen. Warum-Frager drehen sich höchstens im Kreis.

Ich riet ihr, ihrem Mann die große »Warum-Frage« in eine fast ähnlich klingende Frage zu verändern. »Wozu«, sollte er fragen. »Wozu bin ich krank? Wozu liege ich hier?« Wozu-Fragen richten den Blick nach vorne. »Wo will das Leben mich hinhaben? Wo will der Himmel mich hinführen?« Mit den Wozu-Fragen kommt die Seele wieder – zuerst in Bewegung und dann ins Leben zurück. Und mancher kranke Körper ist ihr schon zurück ins Leben gefolgt.

# Ein kleiner Zirkus mit einem ganz seltenen Kunststück

Das Gesicht des Jungen löste in mir, vorsichtig gesagt, einen mittleren Schock aus. Es erinnerte mich unwillkürlich an das entstellte Gesicht des Glöckners von Notre Dame: die schiefen Augen, der wilde Blick! Und dann die Hände! Verbogen und unförmig! Und die Füße steckten in schweren Sonderanfertigungen einer orthopädischen Werkstatt. Laufen konnte er aber offenbar dennoch nicht richtig.

Und ausgerechnet dieser Junge stand im Rampenlicht des kleinen Wanderzirkus. Mühevoll verbeugte er sich zum Finale. Und dennoch war da keiner im ganzen Rund des Zirkuszeltes, der den Jungen anglotzte. Alles war anders als früher, wenn ein kleiner Wanderzirkus oder die Schaubude auf dem Rummelplatz kleinwüchsige Menschen zur Schau stellte oder den Mann mit dem Wasserkopf und den sechs Fingern gegen Eintritt bestaunen ließ. Alles war anders!

Der Junge verbeugte sich nämlich mit seiner ganzen Familie vor dem Publikum. Um ihn herum seine neun (!) Geschwister, seine Mutter und sein Vater, der »Zirkusdirektor«. Und während seine Geschwister die tollsten Kunststücke vorgeführt hatten und die kleinsten Schwestern in hübschen Kostümen auf den Händen des Vaters Handstand, Kopfstand und Salto vorgeführt hatten, war der Junge mit dem von seiner Krankheit entstellten Gesicht im Dunkeln geblieben. Erst als alles vorbei war, und seine Brüder als Clowns verkleidet nach jeder Nummer das Publikum zum Lachen gebracht hatten, und die Mutter und die große Schwester die schwierige Pferdedressur hinter sich hatten und sich die ganze Familie in der Sattelkammer zum großen Finale aufstellte, stieß der merkwürdige Junge dazu. Sozusagen als letzte große Überraschung der Vorstellung. Und der Vorhang ging auf und die Zirkusfamilie trat vor. Und mit ihr der Junge.

Laufen fiel ihm schwer. Normalerweise saß er auf einem Brett auf Rollen und bewegte sich damit durch den Zirkus. Aber zum Finale nahmen ihn die Geschwister in die Mitte. Und da stand er da. Und in dem Augenblick des staunenden und stierenden Publikums nahm der Vater das Mikrofon und stellte seine ganze Familie noch einmal vor. Und gleich zu Anfang sagte er: »Das ist Andreas, mein ältester Sohn. Er bediente die Scheinwerfer und sorgte dafür, dass alle seine Geschwister und unsere Tiere im rechten Licht strahlten.« Und ein kleines Strahlen huschte jetzt auch über das Gesicht des jungen Mannes. Und sein schwerer Kopf beugte sich leicht nach vorne.

Da war kein Stieren mehr im Publikum. Da war auf einmal eine ganz andere Stimmung da. Und mir ging durch den Kopf, dass der Wanderzirkus vielleicht von Gott aus anderen Gründen von Dorf zu Dorf geschickt wurde. Er war da, um ein ganz anderes Kunststück zu zeigen. Nicht die Pferde-Nummer war es, die hatte ich schon Hundert Mal professioneller gesehen. Und die kleinen Mädchen an der Hand des Vaters waren auch eher rührend als waghalsig. Aber nie hatte ich in einem Zirkus das seltene Kunststück gesehen, wie man sich gegenseitig achten kann ohne falsche Scham. Das Kunststück von der Liebe in einer Familie. Und in meinem Hals schluckte ich die Rührung hinunter.

# Der Depression auf die Spur kommen

»Manchmal muss man in den Himmel schauen, um das Leben in seiner Tiefe zu verstehen.« Das habe ich vor ein paar Wochen einer Frau gesagt, die meinen Rat suchte. Denn die dunklen Wolken in ihrem Leben hatten sich über Jahre hinweg still über ihr zusammengezogen, so als ob sie genau wüssten, wo sie lebte! Als wenn es Zusammenhänge gäbe zwischen ihr und dem Himmel! Und wo andere noch im Licht und in der Sonne standen, wurde es zusehends finster über ihr. Eine unbestimmte Dunkelheit hatte sich über ihr und in ihr ausgebreitet. Die dunklen Wolken über sich hatte sie eher für Schicksal gehalten als für ein rettendes, helfendes Zeichen, das ihr der Himmel schickte.

Und es konnte ihr auch sonst keiner sagen, was der Grund ihrer stillen Dunkelheit war. »Depression!«, hatte der Arzt gesagt. Und obwohl er nicht groß helfen konnte, hatte er ihr dennoch Erleichterung verschafft. Ihre Familie und ihre Umgebung hatten nun endlich ein Wort, um ihre Dunkelheit und Einsamkeit einzuordnen. Es ist eine Krankheit. Und Tausende und Millionen sind davon befallen. Depression!

Doch mit der Diagnose hat die Krankheit nicht ihren Schrecken verloren. Medikamente, Antidepressiva, lösen sie nicht auf. Es gibt keine Heilung von außen. Aber wer sagt denn, dass es sie nicht von innen gibt?

Wie war das mit den Wolken? Waren sie von heute auf morgen aufgezogen? Oder hatten sie sich nicht über Jahre und Jahrzehnte still über ihr aufgetürmt? Müsste man nicht die Wolken fragen, wo sie herkommen? Aus welcher Zeit? Vor wie vielen Jahren? Entstanden in irgendeinem unbekannten Tiefdruckgebiet des Lebens?

Einen Weg, der Depression auf die Spur zu kommen, zeigt der Himmel. Es ist immer eine Reise rückwärts, es ist immer eine Reise in die Vergangenheit des eigenen Lebens. Und die Spur hat der Himmel gelegt.

Die Augen gehen nach oben: Wann denn tauchten die ersten Wolken über dem Leben auf? Wann denn? Als Erwachsene erst oder schon als Kind?

Und wir suchen und stoßen auf ein kleines Mädchen, das vier Brüder hatte, alle geliebt und verehrt und angebetet von der Mutter. Und wie ein Aschenputtel, wie ein Stiefkind, hört das kleine Mädchen die Sätze der Mutter: »Ich wollte nur Jungs! Ich wollte dich gar nicht. Das Essen für dich ist es gar nicht wert, dass ich es kaufe:«

Ob das heranwachsende Mädchen, das diese Sätze immer wieder hörte, zuerst darauf reagierte, indem es magersüchtig wurde, oder ob zuerst die dunklen Wolken aufstiegen und es niederdrückten, dem kommt es eindeutig nicht mehr auf die Spur. Aber es war das Tiefdruckgebiet ihres Lebens, aus dem sich die dunklen Wolken speisten – bis in die Gegenwart.

Und wie bei Aschenputtel half der Himmel. Im Märchen schickt er Kleider und Schuhe. Im richtigen Leben schickte er die Wolken, die den Weg zeigten. Und im Märchen und in der Wirklichkeit schickt er vor allem Menschen, die einander lieb haben.

# So werden Kranke zu Lebensrettern

Seltsamer Zufall: Gestern hatte ich einen Vortrag in einer Krebsklinik. Ein paar Hundert Patienten und ihre Familienangehörigen. Ein Dutzend Krebsärzte. Und heute in derselben Gegend die Moderation beim Treffen von tausenden Diabetikern mit ihren Familien und ein paar Hundert Fachärzten!

Muss ich da nicht genau dasselbe predigen und lehren? Krankheit ist schließlich Krankheit! Ein hartes Stück Brot habe ich daher für die Kranken und ihre Familien mitgebracht. Mit angehaltener Luft hatte ich es gewagt, in der Krebsklinik zu sagen: Dein Krebs ist nicht dein Verdienst! Dein Krebs ist eine Art Geschenk! Es ist eine Gabe! Nimm ihn an! Es ist dein Krebs! Überlege dir, wie du ihn mit welcher Hilfe akzeptierst. Und dann mache deine Gabe zu deiner Lebensaufgabe! Das muss doch für jede Krankheit gelten, oder? Ich bin zwar davon überzeugt. Aber wenn man vielen, vielen Krebskranken gegenüber tritt, die kämpfen wollen und den Krebs weiß Gott nicht als Gabe sehen können, wird man unsicher, ob man hilfreich war. Nicht jede Wahrheit passt in jede Zeit.

Was werden die Diabetiker sagen? Sechs Millionen sind es in unserem Land. Und zwei Millionen kommen noch hinzu. Zwei Millionen, in denen die Diabetes schon steckt und schläft und auf den Zusammenbruch des Patienten wartet, der alles aufdeckt. Was werden die sagen?

Denen muss ich nichts sagen. Von denen kann ich lernen. Das tut gut. Die chronisch Kranken wissen, dass es keinen Zweck hat, gegen die Krankheit zu kämpfen. Sie lernen und lehren die Kunst, sie zu akzeptieren. Und dann kommen sie in ihren Selbsthilfegruppen zusammen und beraten, wie sie sich dabei stützen können. Wie eine große Familie! Einer trägt des anderen Last. Und dann lehren sie uns so genannte Gesunde, was für ein Geheimnis in jeder Krankheit schlummert: Die Krankheit hat sie wach gemacht. Krankheit weckt! Und jetzt sehen sie ihre Aufgabe darin, die anderen, die Hunderttausend, die Millionen, von denen hunderte und tausende sterben müssen, weil die Krankheit zu lange unentdeckt bleibt, zu wecken. So werden die Kranken zu Lebensrettern.

## Die Seele heilt! Der Arzt, der für seine Patienten betet

Lieber Herr Professor Heuer, Deutschland scheint Ihnen mehr Glauben zu schenken als hundert Pfarrern zusammen!

Sie hatten in meiner Sendung erzählt, dass Sie als einer der erfolgreichsten Organverpflanzer-Chirurgen unseres Landes immer mehr darauf gekommen sind, dass unsere Gebete die wahren Heiler sind. Sie sind ein Arzt, der nicht so sehr ans Skalpell glaubt, sondern an Worte, Gebete und gute Energie. Ausgerechnet einer, dem Deutschland vor sechs Jahren zu Füßen lag, weil er einem seiner Patienten seine eigene gesunde Niere spendete, ausgerechnet so ein Arzt sagt: Es sind die Gebete, die uns Menschen in oft aussichtsloser Situation noch zu heilen vermögen. Ob Sie für solche tiefen Einsichten Ihr zweites Bambi bekommen wie damals vor sechs Jahren? Ich wage es nicht zu hoffen, sähe es aber gern.

Ich erinnere mich, was Sie an der Schulmedizin zweifeln ließ. Sie sagten: Warum werden zwei fast gleiche Menschen, die eine neue Niere bekommen haben, so unterschiedlich damit fertig? Der eine Körper stößt sie ab, der andere nimmt sie an. Warum? Wenn die Körper gleich sind, muss die Seele den Unterschied ausmachen. Die Seele also heilt oder stößt ab!

Und dann kniet der Professor der Medizin nieder und betet für seine Patienten! Und er erfährt, dass er nicht einmal an ihrer Seite beten muss. Die Kraft des Gebets kennt weder Zeit noch Raum! Jetzt stapeln sich, lieber Herr Professor, in meinem Büro ein paar Schuhkartons voller Briefe. Sie alle sind von Menschen geschrieben, die von Ihren Ärztekollegen längst aufgegeben worden sind. Sie alle wollen, dass Sie für sie beten.

Wie gehen wir damit um? Können Sie noch einmal in meine Sendung kommen und antworten? Unter all den vielen Schicksalen rührt mich der offenbar nahende Tod eines 13-jährigen Mädchens aus Bayern. Sie hat Leukämie! Und keiner kann ihr mehr helfen!

Wir sollten nichts unversucht lassen. Erst recht nicht zu beten!

## Wie ein Gesangslehrer aus seinem Schüler einen Heiler machte

Eigentlich wollte er Opernsänger werden. Und er ist es auch geworden. Aber ausgerechnet sein sterbender italienischer Gesanglehrer war dann das »Werkzeug Gottes«, das aus ihm einen Heiler machte.

Denn irgendwann war der Lehrer nicht mehr in der Lage, seinem Schüler Unterricht zu geben. Die Luft blieb weg. Das Gesicht fiel ein und jeder wusste, dass der alte Lehrer Krebs hatte. Der Schüler aber ging weiter zum Lehrer. Auch wenn es mit dem Unterricht nichts mehr war. Man war sich nahe gekommen und wollte sich auch in den letzten Monaten des Lebens nicht lassen.

Da bat an einem der Besuchsabende der sterbende Mann seinen Schüler, die CD mit der Wagnermusik aufzulegen. Parzival! Und während die schwere Musik den Raum erfüllte, winkte der Alte den Schüler an die Seite seines Lagers. Er bat ihn, in der Stille für ihn zu beten und die Hände auf seinen vom Krebs zerfressenen Leib zu legen. Er musste wohl furchtbare Schmerzen und große Not empfinden, dass er den Schüler um so einen intimen persönlichen Gefallen bat. Der Alte hatte wohl nicht vergessen, dass eine italienische Operndiva vor Jahren dem Schüler auf den Kopf zugesagt hatte, dass er heilende Hände habe. Das hatte damals niemanden interessiert. Aber jetzt war der Augenblick gekommen. Die Not überstieg die Scham.

Da legte der junge Opernsänger seinem Lehrer die Hände auf den Leib und betete das Vaterunser. Dann ließ er seine Hände auf dem schwer atmenden Leib des Lehrers liegen. Eine außerordentliche Wärme war spürbar. Der Alte hatte die Augen geschlossen. Sie lauschten beide der Sphärenmusik Wagners. Als sie beide wie auf Verabredung mit ihren Gedanken in die Wirklichkeit zurückkehrten, war in der Plastikflasche am Bett des

Sterbenden, die seine Ausscheidungen aufnahm, auf einmal ein undefinierbarer Zellenhaufen zu sehen. Der Alte nickte. »Die Krebszellen! Aber es ist wohl zu spät. Ich hab dich nicht früh genug gefragt. Ich werde wohl gehen müssen mit meinem Parzival. Aber du, du wirst mehr als ein Sänger sein. Du wirst ein Heiler. Ich weiß es!« Ein Heiler, ein heilender Opernsänger, der heute in der Nähe von Hamburg wohnt.

## »Sieben Mandeln am Tag schützen vor Krebs«?

»Sieben Mandeln am Tag sind die beste Therapie gegen den Krebs!« Das hat mir die Schauspielerin Barbara Rütting erzählt. Und so ganz Unrecht, denke ich, wird sie wohl nicht haben. Schließlich haben ihre Mutter und ihre Großmutter schon diese furchtbare Krankheit gehabt. Sie aber, das Einzelkind, das Kind, das jetzt selber schon ein großes Leben gelebt hat, ist davon verschont geblieben.

Wie aber soll ich denn damit umgehen, dass mir ein Mensch seine Lebensmedizin verrät? Soll ich es glauben oder nicht glauben? Erzählen können die Menschen einem ja vieles. Aber ob es stimmt, ist ja immer die zweite Frage.

Ich mache es dann so wie ein Richter, der bei einem Unfall auch nicht dabei war, aber doch urteilen muss, ob etwas wahr ist oder nicht. Der gute Richter sucht nach guten Zeugen. Und was ist ein guter Zeuge? Nun, der ist ein guter Zeuge, der nicht nur dieses oder jenes meint, sondern mit seinem Namen und seinem Leben dafür einsteht. Darum vereidigt man ja auch die Zeugen. Sie sollen bereit sein, für ihr Wort zu zahlen. Und da ist Barbara Rütting kein schlechter Zeuge. Sie redet nicht nur vom neuen Leben, das die Natur zu schenken bereit ist, sie lebt es seit Jahren und Jahrzehnten auch. Sie war doch eine der Ersten, die den Beweis dafür antraten, dass ein Mensch, der kein Fleisch isst, nicht krank wird oder gar stirbt. Sie ernährt sich von Früchten des Feldes. Genauso, wie es auf den ersten Seiten der Bibel den Menschen aufgetragen wird.

Vegetarisch zu leben war aber all die tausend Jahre, die dieser Satz schon alt ist, umstritten. Irgendeine merkwürdige Gefühlskälte in uns Menschen tötet die Tiere, um sie dann genüsslich aufzuessen. Einmal ganz davon zu schweigen, wie wir sie mittlerweile heranzüchten! Aber dann gibt es da zu allen Zeiten solche Menschen wie Barbara Rütting und viele andere, die den lebendigen Beweis antreten, dass es uns in dieser Welt besser ginge, wenn wir die Tiere leben ließen.

Und darum interessiert mich der Satz mit den täglich sieben Mandeln, die gegen den Krebs helfen sollen. Er ist wohl genauso wenig dahergeplappert, wie ihr offenes Bekenntnis, eine Frau zu sein, die ganz auf die Heil- und Energiekraft der Pflanzen vertraut.

# Die weise Ärztin, die eigentlich in theologische Bücher gehört

Vor 500 Jahren hätte man sie als Hexe verbrannt. Heute ist sie eine erfolgreiche Ärztin im Hessischen. Aber ihre Medizin braut sie wie eine »Hexe« aus dem Mittelalter in einer Alchemistenküche. Was könnte ich von ihr lernen? Vor 500 Jahren hätten meine klösterlichen frommen Brüder sie samt ihren Fläschchen und Pülverchen auf den Scheiterhaufen geworfen. Sie waren ihnen zu weise, diese Frauen von damals! Die so genannten Hexen wussten zu viel über Mutter Erde und ihre Gesetze.

Das ist lange her. Und doch verblüfft es mich, dass das Wissen dieser weisen Ärztin nicht in den theologischen Büchern von heute steht. Sie beweist auf ihre Weise, dass wir alle tatsächlich aus Körper, Geist und Seele bestehen. Wir alle! Die Menschen, die Tiere, die Pflanzen und auch die Elemente.

Als sie mir erklärt, wie sie die ganze Heilkraft aus den Pflanzen holt, horche ich auf. Den Geist, den Spirit der Pflanze holt sie sich über die Gärung. Die Seele der Pflanze, das, was in ihr noch flüchtiger und himmlischer ist als aller Geist und Alkohol, holt sie sich beim Kochen. Aus dem Dampf scheidet sie das Öl, den Duft, die Aura der Pflanze ab. Und alles was übrig bleibt, verbrennt sie und sucht wie ein Alchemist vor Hunderten von Jahren in der Asche nach den Mineralstoffen, den Bausteinen der Pflanze.

Ich staune. Wie ihre mittelalterlichen Lehrer und Lehrerinnen hat sie daran geglaubt, dass das ganze Leben aus diesen drei Kräften besteht. Und wenn man heilen will, muss der Arzt eben schauen, woran es dem Patienten am meisten fehlt. Sind es die Mineralien, dann muss mit diesen nachgeholfen werden. Fehlt es an Energie, am Feuer im Körper? Da kann vielleicht mit alkoholisiertem Geist die verlöschende Glut kräftig angefacht werden. Und fehlt es bei uns Menschen an seelischer Kraft, was dann?

Dann verordnet sie dasselbe, was seit Jesu Zeiten Gewähr dafür bietet, seine Seele wieder zu finden: Sie verordnet Stille, Salben, Öle und Massagen. Die erinnern die Seele an ihre Heimat, den Himmel und an ihre oft fremde Aufgabe, das Wandern über die Erde.

## Heilung ´97 – fast wie zu Jesu Zeiten!

Wenn ich es nicht selber gesehen hätte, würde ich es nicht glauben! Es war fast so wie zu Jesu Zeiten, wo der Mann aus Nazareth einem Todkranken in die Augen sah, ihn berührte, sein ganzes Leid wusste und sprach: »Steh auf. Du bist gesund!« Dass es damals genauso war, daran zweifle ich immer weniger. Seit gestern gar nicht mehr.

Ich hatte den Geistheiler, den ich aus meiner Talk-Sendung kannte, mit ans Krankenbett einer älteren Dame gebracht. Denn Wochen vorher hatte sie mir anvertraut, dass ihre beiden Nieren nicht mehr arbeiteten. Und dass der Arzt nur noch eine Möglichkeit sah: die Dialyse. Zwei- bis dreimal pro Woche würde sie über Nacht ins Krankenhaus müssen, damit die Maschine ihr Blut austauschen könnte.

Aber so ein Leben konnte sie sich nicht vorstellen. Nie und nimmer! Eher würde sie ihrem Leben selbst ein Ende machen. Sie wüsste schon wie ...

Dass sie es ernster meinte, als ich dachte, zeigte sich schon ein paar Tage später, als sie wie aus heiterem Himmel plötzlich hinfiel und sich den Beckenknochen brach. Als wenn der tiefere Teil ihrer Seele ihr die Entscheidung über Leben und Sterben ersparen wolle. Liegen müsste sie jetzt! Wer weiß, ob sie überhaupt noch einmal auf die Beine kommen würde. Ich machte mir Sorgen. Und so bat ich den Geistheiler, mit mir zu kommen.

Als ich die beiden miteinander bekannt gemacht hatte, wollte ich gehen. Doch die Dame bat mich, zu bleiben. Vielleicht war ihr der fremde Mann nicht ganz geheuer. Was würde er mit ihr machen? Berühren würde er sie. Zärtlich berühren. Mehr nicht. Und dass seine Seele gleichzeitig seinen Schutzengel rief, ihm beim Heilen zu helfen, das merkte man ihm nicht an. Er lächelte nur und bat, sie unten am Hals mit einem Finger berühren zu dürfen. Denn legte er ein, zwei Minuten die Hand auf ihre Nierengegend. »Die linke Niere tut´s nicht mehr gut!« Die Dame nickte und schaute mich staunend an. Woher wusste der Fremde das? Seine Hände berührten doch nur sanft ihre Seiten?

Endlich sagte er etwas. »Ich kann Sie nicht ganz gesund machen. Ihr Nierenleiden ist von Ihrer Geburt an da. Aber alles, was drin ist, werden wir jetzt mobilisieren. Und das wird reichen. Lassen Sie morgen Ihre Nieren-Werte messen und Sie werden sehen: Es ist jetzt alles wieder im grünen Bereich. Guten Abend!«

Mehr sagte er nicht. Doch! Als die Dame ihm danken wollte, sagte er: »Bedanken Sie sich nicht bei mir, sondern beim Himmel.« Und auf dem Heimweg verriet der Heiler mir das mit dem Engel, der ihn in den Körper der Kranken schauen lässt. »Er ist mein Geistführer. Er heilt. Oder nennen Sie es Gott. Ich bin nur das Medium, das Werkzeug.«

Als ich 24 Stunden später allein in der Klinik auftauche, sitzt die Dame strahlend im Bett und erzählt überglücklich, dass ein Wunder geschehen sei. Ihr Blut war untersucht worden. Und keiner in der Klinik könne es recht begreifen – aber ihre Nieren arbeiteten wieder! Fast so gut wie in ihren besten Tagen.

»Wie kann ich Ihnen nur danken?« – »Danken Sie den Nieren und feiern Sie!«, antwortete ich. »Das tue ich schon den ganzen Tag,« lachte sie. »Mit Nieren- und Blasentee!«

# Das Teufelsprogramm

Der liebe Gott, sagt man, schlägt meistens dreimal zu, wenn er einen Menschen vom falschen auf den richtigen Weg bringen will. Zuerst gibt er ein verborgenes Zeichen, das der Mensch noch deuten muss. Dann, beim zweiten Mal, wird es schon massiver, so ein kleiner blöder Unfall mit Bedenkzeit auf dem Krankenlager ist dann schon drin. Wer es dann aber immer noch nicht kapiert hat, muss damit rechnen, dass ihm etwas ganz Verrücktes widerfährt.

So etwas wie von einem Kinderwagen überfahren zu werden und dann mit Oberschenkelhalsbruch in der Klinik zu landen. Tatsache! Er war nämlich Pharma-Referent gewesen, der Mensch, den Gott dreimal rief, sein Leben zu ändern. Er besuchte Ärzte und verkauft ihnen erfolgreich seine Chemie. Ganz wohl war ihm dabei nicht. Denn dass man mit seinen Pillen mehr Geld verdienen konnte als Menschen wirklich heil machen, dämmerte ihm längst. Aber da war er schon ein geachtetes Mitglied der besserverdienenden Kreise – und wer achtet schon auf das kleine dumpfe Gefühl im Bauch, dass etwas nicht stimmt?

Typisch auch, dass er beim zweiten Wink Gottes mit dem »Zaunpfahl« die Sache mithilfe eines Anwalts noch hinkriegen wollte. Befreundete Professoren hatten nämlich bei ihm einen Prostata-Krebs diagnostiziert. Doch ob der ganz weggeschnitten werden würde, das dürfe er, der Patient, allein entscheiden. Mithilfe seines Anwalts setzte er extra noch eine Patienten-Verfügung auf: Kein Wegschneiden ohne seine Einwilligung! Sie sollten ihn wecken, dann würde er entscheiden. Nun, geweckt haben sie ihn nicht, aber geschnitten haben sie trotzdem. Und später stellte sich zu allem Überfluss heraus, dass die Prostata eine gutartige Geschwulst hatte. Um Gottes Willen! Alles umsonst?

Doch er kommt irgendwie nicht auf die Beine. Er wird sogar arbeitslos. Und die Kunstfehler der Ärzte beantwortet er all die Jahre mit Prozessen, die kosten ihn alle Kraft. Immer noch will er in die alten Bahnen zurück. Da fährt ihn an einem schönen Sommertag eine Mutter mit ihrem Kinderwagen so unglücklich an, dass er hinfällt und sich den Oberschenkelhals bricht, während die Mutter mit dem Kinderwagen panisch verschwindet. Da liegt er auf der Straße und kann sich nicht bewegen. Er stöhnt und wimmert. Doch die Menschen halten ihn für eine Schnapsleiche. Niemand hilft. Irgendwann erbarmt sich dann doch eine Seele. Er aber will schon wieder prozessieren – gegen eine Mutter, die mit ihrem Kinderwagen »Fahrerflucht« beging ...

Monate später setzten wir beide dann mühsam die Mosaiksteine zusammen, die ihn gezwungen haben, ein neues Leben zu führen: die Pharma-Pillen, die Prostata, den Kinderwagen. Dazu analysieren wir seine Kindheit mit dem starken Vater, der ihn auf Erfolg und Geld programmierte: das Teufelsprogramm!

Und wie sieht das Programm des Himmels aus? Es kostet ihn jetzt erneute seelische Pein, dass er den Krebsarzt und die Mutter nicht mehr verklagen soll. Es kostet ihn Wut und Schmerzen. Und es tröstet ihn, dass Abraham und Jesus nicht nur ihre Feinde, sondern sogar ihre Familien hinter sich ließen, um dem Wink des Himmels zu folgen. »Schlafen Sie einmal drüber!«, schlug ich ihm vor. »Und sagen Sie mir morgen, ob Sie weniger nach hinten als nach vorn schauen wollen. Denn vorn spielt die Musik. Auch für Sie. Und da sind es die himmlischen Chöre!«

# *Kirchenjahr*

## Der Rhythmus der Schöpfung

## Die Kraft der Glückwunschkarten

Da liegt er nun, der Haufen von Glückwunschkarten zum neuen Jahr. Und da liegt er schon seit Wochen. Soll ich sie jetzt endlich wegwerfen? Schließlich ist es schon Februar. Aber so leicht geht das nicht.

Es ist schon ein Unterschied, ob man irgendein Stück Papier in den Papierkorb wirft oder so einen Glückwunsch. Irgendetwas sträubt sich da in der Seele. Was ist das? Tut man da etwas Böses, wenn man Glückwünsche wegwirft? Wirft man mit den Glückwünschen vielleicht auch das Glück weg? Mancher Mensch empfindet es wohl so. Denn wie oft habe ich uralte Stapel von Glückwunschkarten beim Auflösen von Wohnungen Verstorbener gefunden. Sie waren über Jahre und Jahrzehnte aufgehoben worden. Warum nur? Was steckt da für eine unsichtbare Kraft in den Karten?

Vielleicht kommt man eher dahinter, wenn man darüber nachdenkt, warum man denn überhaupt Glückwunschkarten schreibt. Was machen wir da eigentlich, wenn wir Menschen zum neuen Jahr oder zum Geburtstag Glück und Segen wünschen? Schließlich bleiben die Menschen nicht automatisch dadurch gesund, dass wir es ihnen per Post zum neuen Jahr gewünscht haben. Warum wünschen wir es ihnen dennoch?

Es ist wohl nicht anders als bei Dornröschen und ihren dreizehn weisen Frauen im Märchen. Nur wir sind diesmal alle das Dornröschen. Denn unsere Zukunft liegt gerade an solchen Tagen wie Neujahr und auch an jedem Geburtstag dunkel vor uns. Sie liegt im Dunkeln, sagt man. Keiner weiß, was kommt. Und das macht auch Angst. Und dann kommt so eine Karte und sagt: Ich kann es nicht ändern, dass die Zukunft dunkel ist. So wenig ändern kann ich es wie die letzte weise Frau bei Dornröschen. Aber ich kann das Dunkel deiner Zukunft ein bisschen heller machen. Das Schicksal ein bisschen mildern – so wie die dreizehnte Fee es bei Dornröschen gemacht hat: Sie ging hin und verwandelte den Todeswunsch der bösen Fee für die Prinzessin in hundert Jahre Schlaf. Sie milderte ihn ab. Genauso kommen die Glücks- und Segenswünsche zu dir und mir, um uns mitten in der Dunkelheit unseres Lebens zu sagen: Du bist nicht allein! Es gibt offenbar jemanden in der weiten Welt, der an dich denkt und damit an deiner Seite ist. Und dann wird alles nicht mehr so dunkel sein, wie es jetzt scheint. Es gibt wohl jemanden in der Welt, der auf dein Glück nicht neidisch ist. Und dann wird alles nicht so böse sein, wie es oft scheint. Jede Karte bringt ein Stück Helligkeit und Milde in unser Leben.

Das tut gut. Und so nehme ich jetzt noch einmal all die Karten und lese noch einmal nach, wer mir beistehen will in der Zukunft. Wer ist an meiner Seite, wenn ich krank bin? Wen fühle ich an meiner Seite, wenn es bergab und bergauf geht? Gut so! Und jetzt nehme ich all die guten Wünsche tief in mein Herz auf. Und jetzt, wo die Karten ihren Dienst getan haben, kann ich sie ruhig wegtun. Denn es kommt doch darauf an, dass die Glückwünsche mein Herz erreichen und nicht meinen alten Schuhkarton, oder?

# Verhüllte Wahrheit

Wenn in den Fastenwochen vor Ostern in vielen katholischen Kirchen die kostbaren Altar- und Heiligenbilder mit einem riesengroßen Tuch verhängt werden, dann ist das nichts anderes als der jährliche »Versicherungstest« der Christenmenschen. Jahr für Jahr holt der Kirchendiener für die sieben Wochen vor Ostern die alten Tücher aus den kirchlichen Kulissen und »versteckt« die Altar- und heiligen Standbilder. Ausgerechnet das, was das ganze Jahr über Zuflucht von tausenden von Menschen war, ist nun weg. Die Not der Menschen hat vorübergehend keine Adresse mehr. Die Kerzen der Bittsteller brennen vor einem weißen oder violetten Tuch. Die Engel sind nicht mehr da. Maria, die Gütige, ist nicht mehr zu sehen. Der geduldige Mann am Kreuz ist verschwunden. Die »Hungertücher« haben alles zugedeckt.

Hinter diesem Verhüllungs-Brauch steht eine tiefe Lebenserfahrung, die Sie heute eigentlich bei jeder Versicherung machen müssen. Denn das Dumme an Versicherungen ist ja, dass man erst dann weiß, ob es eine wirklich gute Versicherung ist, wenn es zu spät ist. Das Haus brennt! Aber zahlt die Versicherung auch? Das Knie ist geschwollen, aber kommt auch das Krankengeld wirklich? Es ist immer zu spät, wenn man erfährt, ob man wirklich gut versichert ist oder nicht. Zahlt die Kasse nun oder zahlt sie nicht? Hilft sie unbürokratisch oder nicht? Die Antworten auf diese wichtigen Fragen kommen immer zu spät. Und die einen haben Glück und die anderen eben Pech.

Doch Versicherungen, denen man das Kostbarste und Wertvollste anvertraut, was man im Leben hat, nämlich das Leben selbst, sollte man beizeiten und regelmäßig testen: Brauche ich sie wirklich? Und waren sie mir in dunklen Stunden wirklich nütze?

Und dann ziehen sie in der Erinnerung vorbei, die dunklen Stunden, in denen man verzweifelt »Mama« geschrien hat. Versteckt und halb im Dunkel der Kirchen verborgen war man niedergekniet und hat gerufen: »Mama Maria, Mutter des Lebens, komm ich brauche dich! Steh mir bei! Wende dich zu mir!« Und sie war gekommen. Unsichtbar, aber spürbar, und war wie eine Mutter an die Seite der Verzweifelten getreten. Und wenn sie auch nicht immer die Not gewendet hatte, hat sie doch dafür gesorgt, dass man nicht in ihr umkam. Und der Mann am Kreuz sagte jedes Mal: »Wirf deine Last nicht ab! Und wenn dein Leben zur Last wird, wirf es nicht weg! Es hat ein Geheimnis. Es wird wieder zu einem Geschenk. Glaub mir!« Aber heutzutage muss man eben aufpassen in dieser Welt. Jeder dahergelaufene Versicherungsvertreter will doch, dass man ihm glaubt. Die Frage ist nicht, wem man glauben soll und wem nicht, sondern womit hat man gute Erfahrung gemacht und womit nicht. Gläubige sind kritisch! Wirklich Gläubige sind nicht leichtgläubig.

Und genau dieser kritische Test läuft alle Jahre wieder über sieben Wochen bis Ostern. Die Christenleute wollen wissen und sich daran erinnern, ob sie der heilige Gott wirklich durch ihr Leben trägt oder nicht.

# Bleibt wach! – Dann seht und hört Ihr die Nähe Gottes!

Zwei Worte reichen, um das Lebenswerk Jesu zu beschreiben: »Bleibt wach!« Mehr nicht! Alle anderen Worte und Predigten dieses großen Meisters und Himmelssohnes liegen in diesen zwei Worten.

Es waren auch seine letzten Worte, die er seinen Freunden in der Karfreitagnacht als letzte große Botschaft mit auf den Lebensweg gab. Aber sie konnten damit nichts anfangen. Die totale Anspannung der letzten Tage, die Angst und der Wein nahmen den Männern die Sinne, kaum, dass sie die kühle Nachtluft zwischen den alten Olivenbäumen atmen konnten. Während Jesus in seiner Unruhe und Angst weiter den Berg hinaufstieg, um ganz oben zu wimmern, zu jammern und zu beten, schliefen sie einfach ein. Er wollte, dass sie wachten. Sie aber nickten ein.

Die Ereignisse der bevorstehenden Verhaftung des Volksheilers Jesus von Nazareth waren in der Stadt schon spürbar gewesen. Auf Jerusalem drückte eine merkwürdige Spannung. Tausende von Pilgern, die wie alljährlich zu Ostern zum Tempel gezogen waren, lungerten und lagerten herum. Wer in irgendeinem Haus einen Platz ergattert hatte, konnte glücklich sein. Das Wetter war wie immer gut. Aber seit Sonnenuntergang hörte man kaum einen Laut. Der Sabbat, der heilige siebte Tag des Volkes, war mit dem Abend angebrochen. Und die römischen Besatzer rechneten wie immer bei solchen Menschenansammlungen mit Terror-Akten. Und als die Soldaten noch vor Mitternacht mit Fackeln aus ihrer Kaserne marschierten, war klar: Sie würden sich wieder einen dieser Unruhestifter schnappen. Und der, den sie fangen wollten, der sah sie vom Bergrücken des Ölberges durch das Löwentor kommen. Sie wussten offenbar, wo er zu finden war. Man hatte ihn – wie erwartet – verraten.

Wenn man nichts Gutes erwartet, wartet man nicht länger. Also erhebt sich der junge Mann langsam von der Erde, auf die er sich geworfen hatte. Ein steiniger Boden, in den er sich mit seinen Fingern hineingekrallt hatte. In die Erde wäre er am liebsten zurückgekrochen wie in den Schoß seiner Mutter. Aber es ging nicht. Augen zumachen ging nicht. Der Vater im Himmel erwartete von ihm, dass er wach blieb. Er würde die letzten drei Tage seines Lebens, seine Aufgabe, die Menschen zu wecken, nicht dadurch unterlaufen, dass er selber vor der Wirklichkeit die Augen schließen würde.

»Seid wach!«, hatte er immer wieder gesagt! »Seht doch die Lilien auf dem Feld! Warum seht Ihr sie nicht? Warum hört Ihr nicht, was sie sagen? Seht doch den Blinden am Weg! Warum überhört Ihr sein Rufen? Schaut doch den Himmel an, Sonne, Mond und Sterne! Wieso spürt Ihr nicht, dass der Himmel für uns sorgt? Wir sind doch seine Kinder? Je wacher einer ist, desto kindlicher wird er wieder werden!

## Zu Ostern ein Fest auf dem Friedhof? Halleluja!

Der Frühling kommt und wird uns knacken! Denn ob sich ein Mensch mit seiner harten Schale öffnet, ist schließlich immer eine Frage der Atmosphäre. Kein Mensch mit harten Schalen ist von außen knackbar. Wo dies versucht wird, bleiben immer nur Wunden zurück. Das weiß jede Kokosnuss, die vor Monaten auf den sandige Boden gefallen ist, als wäre sie tot für immer. Aber jetzt, im Frühling, da regt sich was in ihr. Und das weiß auch jedes Weizenkorn, das nach viertausend Jahren als Grabbeilage in einer Pyramide gefunden wird und keimt, als der Frühling endlich da und spürbar war. Das Leben kommt zurück. Niemand ist wirklich tot. Niemand stirbt für immer.

Das kann ich ja verstehen, dass wir im November so traurig unsere Verstorbenen der kalten Erde überlassen: Da stehen wir an den Gräbern, weinen und haben das Gefühl, dass wir die, die wir lieben, zurücklassen müssen. Und wir gehen weiter. Aber warum gehen wir nicht spätestens am Ostertag im Frühling wieder auf denselben Friedhof zurück und feiern die Auferstehung unserer Verstorbenen von den Toten? Sie sind doch nicht wirklich tot oder doch? Sie sind doch nur unsichtbar! Unser Herz nimmt sie doch noch wahr, oder? Wir müssen uns doch wieder begegnen! Irgendwo, irgendwie, irgendwann! Wir können uns doch nicht einfach aufgeben. Wir gehören doch zusammen!

Wir könnten doch in diesem Jahr zu Ostern mit Sack und Pack und Picknickkorb und Osterei auf die Friedhöfe ziehen und für sie singen. Wir könnten doch tanzen, dass wir alle auferstehen! In der Stadt würde man den schweren Kopf schütteln und fragen, was das für ein Fest auf dem Friedhof sei. Halleluja – warum nicht?! Warum singt bei uns niemand? Warum tanzt in diesen Tagen keiner über den Gräbern? Das kann ich nicht verstehen. Es ist nicht christlich! Ist uns vielleicht die Erfahrung abhanden gekommen, dass wir alle auferstehen? Weiß denn keiner mehr ein Lied davon zu singen, dass es für ein mutiges Menschenleben gar nicht reicht, nur einmal geboren zu werden? Erinnert sich niemand mehr der Worte Jesu, dass jedermann mitten im Leben immer wieder sterben und neu geboren werden muss, um lebendig zu bleiben? Es liegt doch nicht nur in der Natur des Menschen zu sterben. Das ist doch nur die halbe Wahrheit. Es liegt auch in seiner Natur, aufzuerstehen. Immer wieder! Und ein letztes Mal auch ganz! Das ist die ganze Wahrheit.

## Der Geist ist wichtig – nicht nur zu Pfingsten

Da frotzeln die Leute über Selbsthilfegruppen, über Anonyme Alkoholiker, über allein erziehende Väter oder über Weight Watchers, die sich gegenseitig kontrollieren und beim Abnehmen beistehen. Was wird da gelästert! Und kaum einer nimmt wahr, dass wir Christen alle zusammen seit Pfingsten vor knapp 2000 Jahren selbst eine Selbsthilfegruppe sind. Nicht mehr, aber auch nicht weniger. Schließlich war der Experte für Sinn- und Lebensfragen, Jesus, der Prophet aus Galiläa, nicht mehr da. Tot! Seit Karfreitag! Sagten die einen. In einer anderen himmlischen Welt, zur Rechten des Vaters auf einem Thron, sagten die anderen. Unterm Strich jedenfalls war er nicht mehr da: Er heilte nicht mehr. Er predigte nicht mehr, er tröstete nicht mehr. Alles vorbei!

Da hätten die elf übrig gebliebenen Männer und der Schwarm Frauen, die Jesus begleiteten und seine Schüler waren, eigentlich nach Hause gehen können. Was weiß schon ein Fischer wie Petrus über den Sinn des Lebens? Was weiß schon ein Zöllner wie Matthäus über ein Leben ohne Geld und darüber, dass Vertrauen besser ist als Kontrolle? Wahrscheinlich wenig! Sie hätten also nach Hause gehen können. Der eine zurück an den See zu seinen Netzen. Der andere zurück an die Grenze, um Zoll zu kassieren. Aber genau da, als die Entscheidung anstand, wurde die erfolgreichste Selbsthilfegruppe der Welt gegründet. Die Entdeckung war, dass eben elf Männer und ein paar Frauen, wenn sie sich zusammentun, mehr sind als nur elf Männer und ein paar Frauen. Da kommt auf einmal ein Geist auf, der den Einzelnen nicht hängen lässt. Da kommt, solange sie zusammen bleiben, auf einmal eine Begeisterung auf, die Feuer hat und siegen kann.

Mit diesem Geist, den sie den Heiligen Geist nannten, sind die Christen durch die Jahrhunderte gezogen. Sie haben dabei auch hunderte von Fehlern und Niederlagen produziert. Meistens dann, wenn sie nicht dem Geist der Gemeinschaft trauten, sondern irgendwelchen Herren und Hierarchien. Und sie sind weitergekommen, wo sie gleichberechtigte Schwestern und Brüder waren. Mehr nicht. Aber eben auch nicht weniger. Denn da weht ein Geist der Gleichberechtigung, von dem lebt bis auf den heutigen Tag jede Selbsthilfegruppe. Nicht nur zu Pfingsten!

# Martinstag: empfindsam wie eine Kerze im Wind

Ich war noch keine sechs Jahre alt, da zog ich zum ersten Mal mit einer selbstgebauten Laterne hinter dem römischen Reiter mit dem halben Mantel auf dem Pferd her. Ich weiß es noch wie heute. Schon um vier schaute ich in Richtung Uhr und ließ sie mir erklären. Ich wollte wissen, ob es denn um fünf Uhr wohl auch wirklich dunkel genug sein würde, damit meine Martins-Laterne hell leuchten könnte. Ich zweifelte. Aber als wir dann kurz nach fünf auf dem Schulhof Aufstellung nehmen mussten, wurde es schlagartig dunkel. Der Himmel hatte mächtige Wolkentürme aufgefahren und mein Licht leuchtete. Der Himmel wusste offenbar, dass wir gleich losziehen würden. Ich weiß noch, durch welche Straßen wir gingen, ich weiß noch, was ich für einen Mantel trug.

Ich weiß noch, wie meine Laterne aussah und ich weiß noch, wer mir geholfen hatte, sie zu bauen. Alle diese Erinnerungen liegen vor mir wie ein Bilderbuch, das gestern erst entstand. Ich weiß noch, wo ich den Weckmann, den Stutenkerl mit der Gipspfeife geschenkt bekam, und wie er später in meinem Zimmer so alt wurde und ich mich weigerte, ihn mit heißem Kakao aufzuweichen und zu essen. Merkwürdig, wie genau man sich an einen Tag und eine Nacht erinnert und an andere wieder nicht.

Viele andere Erinnerungen sind längst erloschen. Warum nur sitzt die Erinnerung an den Laternenzug so tief? Wenn ich darauf antworten soll, dann ist das Tiefste, was ich weiß, dass ich ein wunderbares Licht hatte und all die Zuschauer am Straßenrand nicht. Okay, die Musik der Feuerwehrkapelle war wohl auch wichtig. Und der Mann mit dem Pferd und dem Soldatenkostüm wohl auch. Und der Zug der vielen Kinder mit ihren Eltern auch. Aber am tiefsten traf mich wohl, dass ich ein Licht hatte und es durch die Straßen trug. Ich war sozusagen Licht. Licht für die anderen, die im Dunkel auf uns warteten.

Und ich war auch nicht irgendein Licht. Ich war ein besonderes, ein Einzigartiges. So einzigartig wie die anderen auch. Denn die Laterne, die ich trug, hatte ich wie alle anderen auch selber gebaut, geklebt und bemalt. Und die Lieder, die wir sangen, erinnerten uns daran, ja darauf zu achten, dass das Licht nicht erlöschen würde. Und genauso habe ich gut auf es aufgepasst.

Und jetzt, über vierzig Jahre später, schreibe ich Ihnen meine Geschichte, weil ich sie bestärken möchte, mit Ihren Kindern und Enkeln eine ähnliche Erfahrung zu machen. Kaufen Sie keine Laterne! Wer eine gekaufte Laterne hat, ist ein Stück mehr ein Licht aus der Fabrik. Und nehmen Sie trotz Sorge um Ihr Kind eine lebendiges Licht in die Laterne, eine Kerze. Denn wir alle sind lebendige Lichter für die anderen, die mit uns unterwegs sind in einem unendlichen Zug durch manche Finsternis. Wir sind nicht wie Roboter von einer Batterie gespeist, sondern empfindsam wie eine Kerze im Wind.

# Ein Meister des Fühlens

Ich weiß genauso wenig wie Sie, wer oder was Gott ist. Ich weiß es wirklich nicht. Aber es ist mir auch nicht egal. Und so suche ich mit meinen Fragen und Nöten, mit meinem unverschämten Glück und meinem ganzen Unglück mein Leben lang nach der Antwort.

Bis jetzt habe ich keine richtige Antwort. Ich weiß nach so vielen Jahren des Fragens und Suchens nicht einmal, ob es eines Tages eine klare Antwort geben wird. Vielleicht werde ich es erst ganz genau wissen, wenn ich mich von dieser Welt verabschieden muss. Aber solange will ich nicht warten. Ich muss jetzt über ihn etwas wissen und nicht erst in meiner letzten Stunde.

Und so suche ich nach Menschen, die vielleicht tiefer in die Seelen und tiefer ins Universum schauen können als ich. Es müssen Menschen mit einer besonderen Begabung sein. Sie müssen weiter in die Vergangenheit und weiter in die Zukunft schauen können als ich. Und solche Menschen gibt es.

Jesus war einer von ihnen.

Wir Pfarrer sind uns oft uneinig, was Jesus Christus für ein Mensch war, welches Wesen er hatte, ob in ihm mehr Himmel als Erde oder mehr Erde als Himmel war. Aber in einem sind wir uns alle einig: Er lehrte aus eigenem tiefen Erleben. Er lehrte aus dem Bauch heraus. Er lehrte die Menschen, dem Gott der vielen Himmel und Erden zu begegnen.

Und genau darum ist mir das Leben Jesu so wichtig. Was hat der junge Mann aus dem heiligen Land denn in seinem kurzen Leben erlebt, dass er so stark und klar und rein wurde? Was war das für ein Mann?

Und so sitze ich wie alle Jahre wieder im Advent und rätsle daran herum, wie der ungeborene Jesus im achten, neunten Monat mitten in Marias Bauch dem Vater des Himmels und der Erde begegnet.

Und das Erste, was mir klar wird: Babys können nicht denken. Babys sind aber Meister im Fühlen. Wer dem Himmel begegnen will, muss nicht ein Meister des Denkens werden, sondern ein Meister des Fühlens. Man muss sich auskennen in der Welt der Gefühle. Die Begegnung mit Gott findet also im Herzen statt und nicht im Kopf. Als Jesus erwachsen war, bringt er diese vorgeburtliche Gotteserfahrung auf den Punkt: Wenn Ihr dem Vater des Universums, der Himmel und Erden wirklich begegnen wollt, müsst Ihr wissen, dass in jedem von Euch noch das Kind lebt, das Ihr einmal wart. Hebt es in einer unbeobachteten adventlichen Stunde wieder einmal ans Licht. Seht die Welt wieder einmal mit Euren Kinderaugen. Nur Kinderherzen haben Augen für einen Vater, den sie bewundern wollen.

# So wird eine Adventskerze zum Spiegel Ihrer Seele

Der schöne große Spiegel im Flur Ihrer Wohnung ist der, der die Menschen wohl am meisten verändert. Wer da vorbeigeht, schaut noch einmal schnell hinein, greift sich schnell in die Haare, zieht noch einmal die Lippen nach, richtet die Krawatte oder sieht sogar, dass er so nie und nimmer aus dem Haus gehen darf. Der Spiegel verändert die Menschen am meisten. Er sagt immer: Wie siehst du denn aus? Wie läufst du denn durch dein Leben? Wer bist du denn?

Dabei ist das gar nicht der Spiegel, der die Menschen ändert. Schließlich ist der nur ein Stück Glas, das von hinten mit einer Spezialfarbe angestrichen worden ist. Wer die Menschen wirklich ändert, ist man schließlich selber. Man sieht sich wie mit den Augen eines anderen Menschen und korrigiert sein Äußeres.

Heute schlage ich Ihnen vor, Ihr Inneres zu korrigieren. Aber nur, wenn Sie sich nicht gefallen. Dazu nehmen Sie keinen Spiegel, sondern eine Adventskerze, Streichhölzer und einen alten Putzeimer. Und dann warten Sie bitte, bis es in dieser Adventszeit dunkel wird und Sie allein sind. Jetzt zünden Sie Ihre Kerze an. Und Sie stellen sich vor, dass das Ihr Lebenslicht ist. Es ist angezündet worden, als Himmel und Erde beschlossen, Sie als Mensch auf diese Welt zu schicken. Und als Sie mit ihren kleinen Füßchen Ihrer Mutter zum ersten Mal von innen gegen die Bauchdecke traten, da war es schon an. Schon als der Arzt bei Ihrer Mutter nach den Herztönen des Babys horchte, war es an. Und als Sie geboren wurden, war es nicht mehr zu übersehen. Sie waren da. Sie lebten. Ihre Augen leuchteten. Und wie eine Kerze würden Sie Nahrung brauchen, um Ihr ganzes Leben lang leuchten zu können. Und alles war gut.

Schauen Sie noch ein paar Augenblicke lang in das Licht der Kerze. Es ist der Spiegel Ihres Lebenslichts. Atmen Sie noch ein paarmal tief, denn der dunkle Putzeimer wartet schon. Auch er hilft beim Spiegeln. Jetzt nehmen Sie den Eimer und stülpen ihn über die brennende Kerze. Jetzt ist es dunkel im Raum. Ihr Licht brennt zwar noch und wird auch noch länger brennen. Aber niemand sieht es. Es leuchtet nicht mehr. Kommt Ihnen das bekannt vor?

Wer oder was hat in Ihrem Leben dafür gesorgt, dass man Ihr Leuchten nicht mehr sieht? Tief drin ist es noch. Aber draußen merkt man es nicht mehr. Wer oder was hat Sie in Ihrem Leben so gedeckelt, dass man nichts, aber auch nichts mehr von Ihrem Leuchten sehen kann? Können Sie dem Eimer, der Ihr Leuchten verdeckt, einen Namen geben? Ist es vielleicht Ihre Familie? Oder Ihr Partner oder Ihr Chef oder Ihr Minus auf der Bank? Ist es vielleicht eine alte Geschichte, eine Angst und ein Schrecken, den Sie nie vergessen haben? Was ist es? Irgendetwas ist es? Geben Sie dem Eimer einen Namen, wenn Sie spüren, dass es etwas gibt, das Ihr Licht nicht leuchten lässt. Es ist schließlich dunkler Advent, wo wir jedes Licht brauchen, unendlich viele wie Sterne am Himmel, damit wir alle zusammen die Orientierung nicht verlieren.

Übrigens: Die Idee mit der Kerze und dem Eimer ist nicht von mir. Sie stammt von Jesus. Wenn Sie von ihm lernen, geht Ihnen Ihr Licht auf.

# Weniger ist oft mehr – auch im Advent

Natürlich ist Jesus nicht am 25. Dezember im Jahre Null geboren. Weder das Jahr stimmt noch das Datum. Und erst recht stand in dem Stall seiner Geburt kein Christbaum. Und die drei Könige, die ihn dann erst um den sechsten Januar herum erreichen, hatten auch keinen Adventskalender mit sich, um pünktlich zu sein. Und Adventskränze mit den vier Kerzen gibt es auch erst seit gut hundert Jahren.

Wer etwas von Religion verstehen will, der muss erst einmal trennen zwischen dem, was für alle sichtbar in dieser Welt passiert ist, und dem, wovon die Seele fühlt, dass es in der unsichtbaren Welt der Träume und des Himmels passiert. Das ist ein Unterschied. Man sieht eben nur mit dem Herzen gut. Und unsere Bräuche wollen dem Herzen sehen helfen. Denn dass Jesus ein Mensch war, dem wir Wege in die andere unsichtbare Wirklichkeit verdanken, spürt jeder suchende Mensch mit seinem Herzen.

Und es ist mir piepegal, wann und wo er geboren wurde. Die Bibelwissenschaftler rechnen damit, dass es sieben Jahre vor dem Jahre Null war. Da stimmen die Sternkonstellationen am Himmel und die Regierungsdaten der Könige besser. Dem Herzen ist das gleich. Und dass wir Weihnachten am 25. Dezember feiern, ist erst gut dreihundert Jahre später vom römischen Kaiser festgelegt worden. Denn da wurde in Rom Sonnenwend gefeiert, als man noch an den Sonnengott glaubte. Jetzt brachte Jesus das wahre Licht. Und ob es ein Stall war, in der das Kind zur Welt kam, weiß auch niemand. Ochs und Esel waren auf jeden Fall nicht da. Die haben die christlichen Maler des Mittelalters erst später in den Stall hineingezeichnet.

Die unsichtbare Botschaft der Tiere für unsere Herzen war, dass Menschen schon mal blöder als Tiere sind, weil die doch ihren Herrn und Herrchen kennen, Menschen aber Jesus nicht gestatten, über ihr Leben zu herrschen. Und Weihnachtsbäume, die mit ihrem Grün mitten im Winter ein Zeichen der Hoffnung sind, gab es erst recht nicht in Bethlehem. Die haben die Deutschen im Mittelalter von den Germanen übernommen. Sie wollten endlich einmal sehen, was das Herz spürt: Es gibt keinen Winter, in dem alles stirbt! Es gibt für jeden Menschen einen grünen Zweig. Immer! Dieses innere Wissen hat auch vor gut 150 Jahren zu unseren Adventskränzen geführt. Die sind die Erfindung eines evangelischen Pädagogen, Johann Heinrich Wichern. Zuerst waren auf dem großen Kranz Kerzen für jeden Tag, also 24 Stück. Dann wurden grüne Zweige der Hoffnung zu einem Siegerkranz gebunden, der später nur eine Sonntagskerze bekam.

Und Adventskalender gibt es jetzt zwar schon im Morgenland, wo die drei weisen Astrologen herkamen. Aber erfunden worden ist der Adventskalender erst im Jahre 1903 in München. Das war ein Drucker, der sich daran erinnerte, dass seine Mutter ihm 24 Kekse auf einen Karton festnähte, um ihm die Wartezeit zu versüßen. Wenn das die alten Bischöfe gewusst hätten. Sie hätten es glatt verboten. Denn Advent war ursprünglich einmal eine Fastenzeit, in der man sich durch bewusstes Verzichten auf das Fest mit seinen Gaben vorbereitete. Auch das weiß das Herz. Und diese Wahrheit bemerkt man spätestens dann, wenn einem der ganze Adventsrummel zum Halse herauszuhängen droht. Weniger ist oft mehr! Auch zu Weihnachten.

# Ein heiliger Moment

Wir sechs Kinder hatten uns wie alle Jahre wieder im Treppenhaus vor der Wohnzimmertür in einer Reihe aufgebaut. Die Bescherung stand unmittelbar bevor. Wir hatten es geschafft. Ein Jahr war wieder um. Kinder zählen ihre Lebensjahre von Weihnachten zu Weihnachten. Und wenn man klein ist, dauert es von Weihnachten bis Weihnachten fast ein halbes langes Leben.

Mein Vater war eben aus dem geheimnisvollen Weihnachtszimmer zu uns in den dunklen Flur geschlüpft. Er musste die Weihnachtsbeleuchtung in Gang setzen. Das war seine vielleicht heiligste Aufgabe in unserer Familie. Wir waren ja wie viele andere Familien auch längst keine »heilige« Familie mehr. Da war nicht viel geblieben außer Weihnachten und Osterspaziergang. Umso beladener war dieser nächtliche Augenblick. Keine Nacht war so heilig wie diese.

Ich suchte im Dunkel des Flurs nach meiner Mutter. Ich hätte sie gerne an meiner Seite gehabt. Mutter schien mir weicher und vertrauter als Vater. Aber das war nicht möglich. Wenn einer oder eine das Recht hatte, die Mutter zu spüren, dann war es die jüngste Schwester. Aber die drängelte sich mit ihrer Nase am Türspalt herum. Wie gerne wäre ich aus der Reihe getanzt, um bei Mutter zu sein. In dieser Nacht rücken die Schutzbedürftigen wohl wie Schafe enger zusammen. Sie spüren die Wärme, die sie sich gegenseitig schenken können.

Doch meine Mutter sah ich in diesen dunklen Momenten voller Erwartung und Spannung nicht. Wahrscheinlich stand sie mit den Händen auf dem Rücken an die Flurwand gelehnt und genoss diese kurzen, heiligen Augenblicke in ihrem Leben, in denen man einen Schimmer davon spüren konnte, dass auch alles gut werden könnte:

Friede zwischen den Eheleuten! Vergessen der Streit über das Geld und die richtige Erziehung der Kinder! Wie oft hatten wir Kinder mitbekommen, dass die beiden Angst hatten, ihren bescheidenen Wohlstand wieder zu verlieren. Noch war Friede auf Erden.

Friede auf Erden! Friede auch mit den Kindern! Vergessen das zu späte Nachhausekommen, das Verschweigen und Lügen von uns Kindern. Der ewige Streit, wer eine neue Hose braucht und wer die alte noch einen Winter lang tragen kann. Vergessen und vergeben, vergeben und vergessen!

Friede auch auf Erden! Und wenn es nur dieser friedliche Augenblick war, so war es doch ein Lichtblick im Leben, dass es den Frieden geben könnte. Die Spuren ihrer Tränen konnte ich noch sehen, wenn wir dann singend ins Licht des Weihnachtszimmers traten.

## Warum wir jetzt, zu Weihnachten, auf die Knie gehen sollten

Es wird Weihnachten. Und ich wünsche mir, dass Sie es tief tief drin erleben können. Ihr Herz schlägt noch. Ihre Sehnsucht ist wach. Ich wünsche mir und Ihnen, dass sich irgendwann in der Nacht auch bei Ihnen das Gefühl einstellt, dass das Leben auf Sie achtet. Und wenn es kein Mensch ist, dann sind es die Sterne.

Ich wünsche uns allen, dass wir nach diesem auch grauenvollen Jahr auf die Weihnachtsnacht zugehen, wie wenn es endlich nach Hause ginge. Darf ich Ihnen bei all Ihrer eigenen Lebenserfahrung einen Tipp geben, wie

Sie für sich das Weihnachtsfest zu einer tiefen seelischen Erfahrung machen können? Darf ich? – Gut!

Dann platze ich gleich damit heraus: Sie sollten sich in der Weihnachtsnacht einen Ort und einen Augenblick reservieren, wo Sie auf die Knie gehen. Ja, niederknien! Und wenn sie mich fragen, was das soll, dann antworte ich scheinbar naiv: Wenn Sie Weihnachten erleben wollen, dann muss es auch Ihr Körper erleben. Der ist schließlich mit dabei. Der kann nicht nur futtern. Der kann auch beten. Die Seele können Sie nicht zwingen, etwas zu tun oder zu lassen oder zu fühlen. Aber den Körper. Der soll einmal testen, was passiert, wenn er macht, was alle Beteiligten der Weihnachtsgeschichte machen. Ob sie nun Hirten sind oder Könige, Kinder oder Erwachsene, Maria oder Josef. Sie alle knien. Also tun Sie es ihnen einfach einmal nach. Knien Sie nieder! Es sieht ja keiner. Und wenn Sie es tun, dann schauen Sie aus dieser stillen Kinder-Perspektive auf Ihr Leben zurück. Schauen Sie einmal, ob Sie nicht nur größer geworden sind im Leben, sondern auch kleiner. Wer das Ziel des Lebens erreichen will, erreicht es nicht als großer Sieger. Ich habe Feinde gesehen, die größer waren. Und ich habe Mächte gespürt, die stärker waren und ich habe gelernt, habe um Hilfe gerufen. Man sah mich auf den Knien.

Aber nur in der Not. Jetzt zu Weihnachten aber ist Gelegenheit, auch das Kleinwerden zu akzeptieren. Das Leben will uns auf den Knien sehen. Nicht, um uns zu besiegen. Es will uns lehren, das ganze Leben anzunehmen wie ein Kind ein geheimnisvolles Geschenk. Damit unsere Augen leuchten.

# 40 Weihnachtstage

Weihnachten dauert jedes Jahr bis zum zweiten Februar! 40 Tage lang! Vierzig Tage dauert nach alter Tradition auch die ganze Weihnachtszeit. Sie beginnt am Heiligen Abend, dem 24. Dezember, und endet an »Maria Lichtmess«, dem zweiten Februar.

Als ich das heute meiner kleineren Tochter beibringen will, stoße ich bei ihr auf verschmitzten, aber mächtigen Widerstand. »Das kann nicht sein, Papa! Die Weihnachtszeit ist kürzer! Viel kürzer!« – »Und wieso?«, frage ich erstaunt. »Na«, grinst sie, »Weihnachten muss vor Silvester schon vorbei sein – ist doch klar. Kein Engel würde sich bei so einer Silvesterknallerei noch in der Luft halten können. Die würden alle abgeschossen!«

Nicht dumm! Und so witzig und logisch zugleich die Antwort klingt, sie hat sogar einen wahren Kern. Denn Silvester am 31. Dezember und Neujahr am 1. Januar sind eine ziemlich neue Tradition. Weihnachten ist viel älter. Und dass da an Silvester rumgeballert wird, ist ganz modern. So modern eben, wie die Engel unmodern geworden und vorübergehend aus der Mode gekommen sind. Wo das Weihnachtsfest aber noch weiterhin die stillsten Tage im Jahr geblieben sind, da reichen sie eben auch bis zum zweiten Februar. Denn erst da wirft man noch in vielen Haushalten Süddeutschlands den Weihnachtsbaum aus der Wohnung. Und erst da ist die 40-tägige Weihnachtszeit vorbei.

Es sind wieder die 40 Tage und Nächte, die die Seele braucht, um sich auf etwas ganz Bewegendes einzulassen oder um sich vollständig zu erneuern. So wie zum Beispiel eine Kur, die wirklich was bringen sollte, bis vor kurzem noch sechs Wochen, also 40 Tage, dauerte. Darin steckt ein altes Wissen und viel Erfahrung.

Die 40 Tage brauchte damals die junge Maria, die Mutter Jesu, auch, um sich nach der Geburt ihres ersten Kindes sozusagen wieder zurückzumelden bei den Männern, bei den Priestern und der Gemeinschaft. Und wie damals nun einmal die Zeiten waren, sprach man von einer Zeit der Reinigung. Geburt, Nachgeburt, Kindbett, sexuelle Enthaltsamkeit und all die außergewöhnlichen Umstände und Erfahrungen einer Geburt waren vorbei. Das Leben nahm wieder seinen gewohnten, wenn auch neuen Gang.

Und genau diese 40 Tage brauchte auch der kleine, arme, neugeborene Junge, um in der Tradition seines Volkes von seiner Mutter abgenabelt zu werden. Eine Seele abzunabeln geht nicht mit einem Schnitt. Nie und nimmer! Auch heute nicht! 40 Tage dauert es mindestens, in denen die Seele des Kleinen noch eine Einheit mit der Seele der Mutter bildet. Doch diese Zeit war jetzt vorbei. Und die kleine Seele Jesu spürte, dass sie ohne Mutter weiterziehen müsste. Da brachte Maria ihren Jungen zu den Priestern in den Tempel. Alle Welt sollte, wie bei unseren heutigen Taufen noch üblich, zur Kenntnis nehmen: Es gibt einen neuen selbstständigen Menschen, einen neuen Erdenbürger. Und dieser hier sollte Jesus heißen. Das war zwar nicht normal. Schließlich hieß der erste Sohn meistens so wie der Vater. Aber es war eine Idee seiner Mutter gewesen. Sie bestand darauf. Und wem sie vertraute, dem erzählte sie leise die Geschichte mit dem Engel, der ihr am Anfang ihrer Schwangerschaft den Namen eingegeben hatte. Der Name Jesus heißt: Gott heilt!

# *Verantwortung*

## Was die Gesellschaft heil macht

# Die Schätze der Alten

Alles wird recycelt. Der letzte leere Joghurtbecher wird auf seine verbliebenen Rohstoffe untersucht und wieder nutzbar gemacht. Kein Schnipsel Altpapier kommt um! Altes Eisen wir zu neuem Stahl. Nur alte Menschen, die scheinen nichts mehr wert zu sein. Aus und vorbei, ex und hopp – lange vor dem Lebensabend! Da stimmt doch die Welt nicht mehr! Ausgerechnet da, wo der größte Schatz für uns alle zu heben ist, ist man mit Blindheit geschlagen und sieht die Kraft nicht, die in der Erfahrung der Alten steckt. Ich zeig euch den Schatz der Alten! Ihr werdet euch wundern!

Die erste Kostbarkeit: Unsere Alten haben es selten eilig. Das ist ein echter Schatz! Eine Kostbarkeit für uns alle! Es ist die Medizin gegen Wahnsinn und Infarkt! Ja, oft sind die Alten sogar langsam und gebrechlich. So langsam, dass wir Jungen darüber oft die Geduld verlieren. Doch wer jetzt nur einen Augenblick nachdenkt, dem dämmert, dass unser Leben an seiner Geschwindigkeit erkrankt ist. Zu schnell wird gefahren, zu schnell wird gegessen, zu schnell wird gestritten, zu schnell wird geliebt und zu schnell wird gehasst und geschieden.

Aber unter den wahnsinnig Schnellen einen alten Menschen zu haben, der als Langsamster in der Familie einen ganz anderen Takt vorgibt, ist für alle heilsam. Weil Opa nicht schnell fahren möchte, verhindert er so manchen Unfall. Weil Oma warm essen möchte, verhindert sie Fast Food. Weil beide schon viel erlebt haben, ermutigen sie die Kinder zu Geduld.

Der zweite große Schatz des Alters und der Alten ist ihre Güte. Davon wissen besonders die Enkelkinder ein Lied zu singen. Wenn auch wir erwachsenen Kinder das nicht immer so mitkriegen, wenn Enkel und Großeltern die strengen Eltern für »verrückt« erklären. Die Großeltern wissen eben aus Erfahrung, dass Erziehung nicht viel bringt. Güte aber bringt alles! Sie wissen ganz genau, dass Kinder nur durch gute Beispiele lernen.

Gute Beispiele sind die besten Predigten. Und Predigten sind die schlechtesten Beispiele: »Labern und nix ändern«, nennen das unsere Kinder. Großeltern haben das längst aufgegeben. Und siehe da – sie werden zum Ankerplatz der Kinderherzen und zum wahren Halt der Kids!

Und dann kommt das Wichtigste in dieser kalten Zeit. Alte Menschen schenken und verschenken! Sie fragen ihre Kinder und Enkelkinder nicht nach dem Gegenwert, den sie bekommen. Sie haben längst erkannt, dass man sich im Leben nichts verdienen kann und dass dieses ewige Kaufen und Verkaufen, Handeln und Schachern vom Teufel war. Sie geben mit offenen Händen. Als wenn der Herbst des Lebens goldene Schatten wirft und ein Wissen in den Herzen der Alten aufleuchtet, dass das ganze Leben wohl ein einziges Geschenk war.

## Der alte Virus Prahlsucht

»Wer angibt, hat´s nötig«, sagt der Volksmund und tröstet sich so über so manche Schweinerei hinweg. Über Schickis und Mickis, über Champagner-Partys und Dinner-Jackets und über weiße Rolls-Royce mit und ohne Chauffeur. »Arme Reiche!«, tröstet sich das Volk. »Sie haben's eben nötig anzugeben.« Doch wenn nicht überall darüber berichtet würde, wäre die Sache auch nur halb so schön. »Wer angibt, hat mehr vom Leben«, heißt es ja auch nicht umsonst. Die Zeitungen sind voll von den großen und größten Angebern der Nation. Und ein Modeaufschneider aus München fehlt mit seinem Rolls und seinem Diener auf keiner Party.

Wären es Kinder, würde man ihnen unter vier Augen ein bisschen Sozialverhalten beibringen. Aber so? Wenn man im Leben nichts ändern kann, bleibt einem nur noch der Trost. Also trösten Sie sich! Wer angibt, hat´s eben nötig! In den Klatschspalten finden Sie die Titelhändler, die den Eitlen einen Doktor verkaufen. Oder Herren der Halbseidenwelt mit verarmten Gräfinnen verkuppeln, damit sie wenigstens das Gefühl haben, der adelige Name mache sie unsterblich ...

Aber Angeberei und Prahlsucht ist keine Krankheit, die sich auf die oberen zehntausend beschränkt. Es ist der alte Virus, der alle Menschen befällt. Er gedeiht auf dem unsicheren Gefühl, innen irgendwie hohl zu sein. Diagnose: Mehr Schein als Sein!

Die Krankheit drängt sich längst auch auf die Schulbänke zwischen unsere Kinder. Wer keine Marken-Jeans trägt, ist out. Wer damit nicht angeben kann, gehört nicht mehr zur Clique. Da wird es dann schwierig für die Eltern. Die Ideologie der Angeber-Gesellschaft hat unser Kinder längst fest im Griff. Und sie verkauft die unsägliche Verführung auch noch als Freiheit und als Toleranz.

Dabei lässt sich das ganze Affentheater mit ein paar Erinnerungen aus der Kindheit demaskieren. Unseren Kindern predigten wir doch vom ersten Tag an, dass sie ihre Bonbons und Lollis nicht ausgerechnet vor der Nase anderer lutschen sollten, wenn die nichts haben. Auch Kuchen und Schokolade sollten sie dann nicht in sich hineinstopfen. Es gehöre sich einfach nicht. Das Herz würde den anderen Kindern bluten, hat meine Mutter mich gelehrt. Und ich habe es an meine Kinder weitergegeben. Ich hatte es ja am eigenen Leib gespürt: Wie mir das Herz geblutet hat, wenn andere Kinder ausgerechnet vor meinen begehrlichen Augen ihren neuen Roller spazieren fahren oder ihre Eistüte schlecken mussten.

Die stolzen Besitzer von Geld, Adel und Rolls-Royce haben dieses Gefühl immer nur Neid genannt. Aber die Armen im Land haben immer zu spüren bekommen, dass es offenbar ein ganz besonderer Luxus ist, seinen Reichtum ausgerechnet im Angesicht der Armen zu genießen. Dabei genießt der wirklich Reiche, der alles erreicht hat, seinen Reichtum immer unsichtbar. Und ich weiß auch, warum das gar nicht anders geht: Er trägt ihn im Herzen.

## »Ich habe einen Sterbenden erlöst – bin ich ein Mörder?«

»Bin ich ein Mörder?«, steht krakelig mit einem elektronischen Blindenschreibgerät geschrieben allein und verloren in einer Zeile eines Briefes an mich. Es ist offenbar der Brief eines alten Offiziers, der seit den Kriegstagen in der Normandie eine Last mit sich trägt, die er nicht weiter alleine tragen kann und will. Er ist mit ihr nun über fünfzig Jahre lang durch sein Leben gegangen, er ist alt, sehr alt geworden und hat an manche Tür und sicher auch manches Herz geklopft und keines gefunden, das diese Last mittragen wollte und konnte. Aber sie still mitzunehmen und sich allein darauf zu verlassen, dass der Himmel sie ihm bald abnehmen wird, ist ihm auch nicht genug. Er muss noch jemanden auf dieser Welt finden, der ihn mit dieser Entscheidung nicht allein lässt.

In einer der letzten grausamen Panzerschlachten in der Normandie hörte der alte Offizier als junger Soldat in einem brennenden Panzer Hilfeschreie. Trotz feindlichen Gefeuers stieg er auf den Panzer und sah einen brennenden Kameraden, eingeklemmt und unrettbar schon mit dem brennenden Wrack verschmolzen »Es gab nur zwei Möglichkeiten«, schreibt mir der alt und blind gewordene Mann, »ihn qualvoll bei lebendigem Leibe verbrennen zu lassen, oder ihn von seiner Qual zu erlösen. Ich tat Letzteres mit meiner Pistole. Bin ich ein Mörder?«

Irgendeine Stimme in seinem Inneren macht ihm diese Vorwürfe. Und er weiß nicht, ob es die Stimme des Herzens ist. War es nicht gnädig, zu schießen? Sein Herz hatte ihn doch bewegt zu schießen! Allein sein Herz! Und jetzt quält es ihn so und macht ihn all die Jahre nicht stolz auf seine Heldentat. So ging er zu den Priestern. Aber die Priester, denen er im Laufe seines Lebens begegnete, haben ihn nicht von dieser Last seiner Seele befreien können. Immer wieder hat er sie gefragt – katholische, evangelische: »Was sagt der Himmel zu meiner Tat? Ich will es wissen, bevor ich dort ankomme.« Vom Gnadentod wollten die Kirchenleute nichts wissen. Schließlich habe Jesus am Kreuz in ähnlich auswegloser Lage gelitten und hätte es erleiden müssen bis ans Ende. So kam es, dass der alte Offizier die Priester nicht mehr fragte. Aber wenn nicht die Priester, wen dann?

Das Herz, die wirkliche innere Stimme! Sein Herz hatte doch damals in die Augen des sterbenden Mannes geschaut. Und sein Herz war in Sekundenbruchteilen bereit, die Entscheidung zu tragen. Es war sehr mutig gewesen. Denn einfach nur bei ihm bleiben und ihm im Sterben beizustehen, wie es Christenpflicht ist, ging ja nicht. Der Panzer drohte zu explodieren! Da gab es nur die Wahl: Entweder weglaufen und den Fremden allein lassen – oder die Pistole nehmen und schießen und ihn als Last und Erinnerung nicht mitzunehmen durch sein ganzes Leben. Es gibt offenbar Lasten, die einem nur der Himmel abnehmen kann. Aber genau dafür ist er ja da.

# Die Ohnmächtigen gewinnen

Unsere Welt braucht keine Sieger! Unsere Welt verträgt auch keine Sieger! Denn wo Sieger sind, sind auch Besiegte! Und die werden nicht ruhen.

Was werden die Besiegten tun? Werden sie denn gehorchen? Wohl kaum! Sie werden wie alle Kleinen und zu Kleinen dieser Welt zu anderen Mitteln greifen. Zu ihren Mitteln.

Wer in der offenen Schlacht verliert, versucht es mit Gift und Sprengstoff. Das war schon immer so. Das steht schon in den Heiligen Schriften. Und das lehrt auch jedes Shakespeare-Drama. Und das lehrt der ewige Krieg um Jerusalem, das in diesen Ostertagen wieder in den Blick der Welt kommt. Und wer bei diesem Kampf um Jerusalem kein Geld und keine Technik hat, Raketen und Panzer ins feindliche Lager zu schicken, der wird das Teuerste nehmen, was er hat, seine Kinder, um sie einer höheren Sache zu opfern. Die Kinder sollen und werden austragen, was die Eltern nicht vermochten. Auch dieses Gesetz der Generationen ist so alt wie die Welt.

Mit Sprengstoff unterm Hemd gehen sie als lebende Bombe in den ewigen Kampf. Wo das Leben doch so sinnlos geworden ist, ohne Hoffnung und ohne jede Perspektive, da hat es hier wenigstens noch einen scheinbaren Sinn: Nämlich leben und sterben für eine ewige Sache, für Vater und Mutter und Gott, die einem das Leben gaben.

Und wo Hochrüstung gegen die Kleinen, die zu allem bereit sind, eingesetzt wird. Da weiß ich, wer auf lange Dauer gewinnt: die Kleinen! Auch das steht in der Schrift! Auch das lehrt jedes Märchen! Die Davids gewinnen! Die Davids, die mit der Schleuder gegen die Goliaths dieser Welt antreten, die gewinnen.

In den Ostertagen mahnen alle, die etwas von den guten alten heiligen Ordnungen der unsichtbaren Welt wissen, die Herren dieser Welt, von ihren hohen siegreichen Rössern zu steigen. Vergesst nicht, was geschrieben steht:

Die Ohnmächtigen gewinnen – nicht die Mächtigen! Die Welt des Friedens verehrt einen armen Mann, der auf einem Esel ritt.

## Der Wert der Gemeinschaft

Wer kein Geld in der Tasche hat, muss sich nach anderen Werten umschauen. Werte, sichtbare oder unsichtbare, die ihm das Überleben sichern helfen. Ohne irgendwelche Werte geht gar nichts! Doch der Wert, der einem am meisten Geld spart, ist jede Form von Gemeinschaft.

Gemeinschaft ist der neue Wert. Wer Geld sparen will, um zur Arbeit zu kommen, bildet eine Fahrgemeinschaft. Wer kein Geld für einen Kindergartenplatz hat, gründet eine Kinderbetreuungsgruppe. Wer kein Geld für eine Alarmanlage hat, feiert ein Hausflurfest oder ein Nachbarschaftsfest. Das ist gut gegen Diebe. Man passt gegenseitig auf. Wer kein Geld für die Bahn hat, fährt neuerdings zum Gruppentarif. Wer kein Geld für den Kauf eines elektronischen Geräts hat, tut sich mit anderen im Internet zusammen und drückt den Preis. Ich könnte hier mit den Beispielen endlos fortfahren.

Die neue Währung, die wirklich etwas bringt, ist die Gemeinschaft. Sie entsteht immer automatisch, wenn das Geld knapp wird. Die sparsamste Gemeinschaft überhaupt ist eine Familie. Die einzelnen Mitglieder teilen sich sogar das Badezimmer und den Hund. Und am Ende gewinnt man in einer Familiengemeinschaft sogar ein paar Lebensjahre hinzu. Amerikanische Untersuchungen beweisen nämlich, dass der Mensch, der möglichst viel teilt und ein intensives Gemeinschaftsleben auf allen gesellschaftlichen Ebenen führt, älter wird als jeder Single. Wer teilt, lebt also nicht nur billiger, er lebt auch länger!

Die Krise, in die uns die Wirtschaft geführt hat, weil wir ihr blind wie einem religiösen Führer getraut haben, führt uns zwar in die wirtschaftliche Wüste. Aber in ihr entdecken wir, allein gelassen von den selbst ernannten Wirtschaftsführern, auch die Werte, die das Leben nicht nur billiger und länger machen, sondern auch lebenswerter. Und unter den Wohnungsschildern der Juppis und ehemals doppeltverdienenden Pärchen, den »DINKS«(double income, no kids) liest man auf einmal ein Schild: »Vor einem Singleleben warnt der Pastor und die Gesundheitsministerin!«

## Ein Lindenblatt auf dem Rücken als Schutz gegen bösen Tratsch?

Ich weiß eine Medizin gegen alles, was man hinter Ihrem Rücken tuschelt und was man Ihnen Böses nachsagt.

Ich hätte da nämlich einen verrückten Vorschlag zu machen. Ein Vorschlag, der in Deutschland nicht ganz unproblematisch ist. Wie wäre es denn, wenn sich die beiden großen Kirchen darauf verständigen würden, dass alle Christinnen und Christen ein Lindenblatt auf der Kleidung trügen. Ein Lindenblatt, dass hinten auf der Höhe der Schulterblätter einfach auf die Kleidung geklebt wird. Für ein paar Tage nur! So ähnlich wie die Anti-AIDS Kampagne über Jahre die rote Schleife vorne auf dem Revers angeheftet hatte.

Mein Lindenblatt erzählt nämlich davon, wo jeder Mensch am leichtesten zu verletzen ist. Nämlich hinten. Hinten, wo er keine Augen hat, die den Feind schon von weitem erkennen und den eigenen Leib in Hab-Acht-Stellung kommandieren. Hinten hat man ja auch keine Ohren. Die Ohrmuscheln bei den Menschen sind so geformt, dass sie mehr das mitkriegen, was man vorne, von Angesicht zu Angesicht, redet. Und nach hinten auf die Schulter reichen nicht einmal die Hände beim Duschen.

Wer also einen Menschen verletzen will, der suche sich den Rücken aus. Und das tun die Menschen auch, seit sie auf der Welt sind. Sie tuscheln, sie ratschen, sie urteilen! Und alles am besten hinter dem Rücken der Menschen, über die gerade geredet wird. Das tue ich auch. Das steckt tief in uns drin. So tief, dass wir seit dreitausend Jahren sogar eines der Zehn Gebote dafür reserviert haben, über andere Menschen nicht verletzend zu tratschen.

Wir müssten irgendeine Erfindung machen, dass wir mit ein bisschen

Charme daran erinnert werden, dass Gerüchte die meisten Menschenleben kostet. Aber wie?

Nun, es könnte eine spannende Novemberaktion werden, wenn sich Menschen, die sich dem achten Gebot verpflichtet fühlen, ein Lindenblatt aufheben, sich an den Mantel kleben und zu erkennen geben, wo sie wohl am verletzlichsten sind. Und den Lästerern bleibt das Wort im Halse stecken, wenn der, dem sie da gerade eine Last durch Lästerung anhängen, sie daran erinnert, wie tief das gehen kann. Am Buß- und Bettag habe ich darüber gepredigt.

## Geistliche, die Kinder missbrauchen

Es gibt Väter, die missbrauchen ihre Kinder. Jungen wie Mädchen! Es gibt Lehrer, die missbrauchen ihre Schüler. Es gibt Eislauftrainer, die missbrauchen ihre Schützlinge, und es gibt Pfarrer und kirchliche Mitarbeiter, die tun es auch. Das Verheerende daran, dass ausgerechnet Geistliche Kinder missbrauchen, ist, dass das Fach, in dem Geistliche gewöhnlich unterrichten, eben nicht Eislaufen und auch nicht Englisch und Französisch heißt, sondern das wichtigste Fach fürs Leben überhaupt ist. Und das Fach heißt: Vertrauen! Vertraue den Menschen! Vertraue deinen Gefühlen! Vertraue Himmel und Erde, die offenbar wollten, dass du da bist.

Jeder Mensch braucht dieses tiefe Vertrauen wie die Luft zum atmen. Du hattest es, als du nackt auf die Welt kamst. Jetzt, wo du erwachsen bist, droht es dir abhanden zu kommen. Misstrauen statt Vertrauen wächst in deinem Herzen heran. Und es wächst wie Unkraut, scheinbar ohne gesät worden zu sein. Vertrauen aber ist die wichtigste Pflanze im Garten deines Herzens.

Und dann treten die Lehrer des Vertrauens an die Seite der Kinder und pflanzen in ihrer Krankheit und Perversität Misstrauen statt Vertrauen in die Herzen unserer Kinder. Wenn der Teufel ein Gesicht hat, dann hat er das Gesicht solcher Männer.

Nun sind unsere Kinder nach solchen Missbrauchs-Erfahrungen nicht ganz so geschockt wie das manche Schlagzeile glauben machen will. Unsere Kinder sind nicht blöd. Die wittern durchaus solche Herren mit ihren Händen und Fingern. Ich weiß, wovon ich spreche. Ich habe nicht nur einem Erwachsenen zugehört, der mir Jahre später von Übergriffen erzählte. Einmal war es der Lehrer, dann war es der Metzger, auch der Vater und auch der Pfarrer.

Es gibt nur eine Reaktion, die sofort wirkt: »Ich erzähle es meinen Eltern!« Aber genau da hakt es bei unseren Kindern oft: Sie vertrauen ihren Vätern und Müttern zu wenig. Und dann hat jeder Teufel dieser Welt leichtes Spiel.

# Die Großmutter bei der Engelmacherin

Vor einiger Zeit war ich mit Senta Berger in Wien in der Kirche ihrer Kindheit. Und ich werde nie vergessen, mit welcher unvergänglichen Empörung sie mir dort in den Kirchenbänken die Geschichte ihrer Großmutter erzählte. Sie starb nach einer Abtreibung auf dem Tisch einer »Engelmacherin«.

Und da war kein Priester, der die Kinder der sterbenden Frau hätte trösten können mit der Erinnerung an ihre tapfere Mutter. Da war wieder nur die gewaltige moralische Institution Kirche und ihr »Personal«, die nicht damit umgehen konnten, wie eine junge Frau den Kampf um ihre Familie verlor. Aber statt sie als »Kämpferin« zu feiern, gab man ihr nicht einmal eine anständige Beerdigung. Und wo man über sie redete, da nur hinter vorgehaltener Hand. Kein Wunder, dass solche Wunden, die nicht nur auf dem Tisch der Engelmacherin entstehen, sondern eben auch besonders auf den Kanzeln und vor den Altären unserer Kirche, über Generationen bluten.

Die kurze, zu kurze Geschichte ihrer Großmutter war wahrscheinlich nicht sehr viel anders als manche andere Geschichte der kleinen Leute von Wien kurz nach dem Ersten Weltkrieg. Es gab keine Arbeit für den Mann. Und es gab kein Brot für die Familie. Kurz nach Mitternacht stellte man sich schon vor die Bäckerei, um wenigstens einen Laib Brot zu kriegen. Und wo die Männer keine Arbeit hatten, da zeigten ihre Frauen, wie man die wachsende Familie über die Runden bringen konnte. Genäht hat die Großmutter Tag und Nacht. Genäht, um damit ein paar Schillinge zu verdienen. Und wenn sie zu müde war und zu schlapp, um mit den Füßen die Maschine am Laufen zu halten, da mussten die Kinder ran, um das riesige gusseiserne Pedal zu bedienen. Die Großmutter schob müde und erschöpft den Stoff an der Nadel vorbei.

Das war die Zeit, in der von Familienplanung noch keine Rede war. Wie denn auch? Senta Berger erzählte, was mir so manche Frau aus der Generation ihrer Großmutter erzählt hat: Die Großeltern waren gar nicht »aufgeklärt«. Natürlich wussten sie, wie Kinder gezeugt werden. Aber das ist doch keine Aufklärung. Klarheit hat man doch erst dann, wenn man auch weiß, wie man nicht gleich Kinder bekommt, wenn man sich lieb hat und liebt. Aber von fruchtbaren und unfruchtbaren Tagen, von Eisprung und Temperatur wussten die Großeltern nichts. Sie wussten kein Mittel gegen die Kinderflut. Und wachsende Kinderschar bedeutete wachsende Armut. Genau in so einer Situation war die Großmutter, als sie schwanger zur Engelmacherin ging, um in großer Verantwortung die Lebenden vor dem Kommenden zu schützen. Sie wusste, dass sie dabei für ihre Familie das Leben riskiert. Und sie hat es verloren. Es gab keine Messe und erst recht kein Requiem für diese Frau. Warum nicht?

# Was der ermordete Lehrer mit dem gekreuzigten Jesus zu tun hat

Der Mörder stürmte in die Schule, die Waffe in der Hand, um seinen Lehrer umzubringen. Und als der nicht da war, erschoss er den Direktor vor der Schule. So stand es kürzlich wieder in der Zeitung. Und so ist es mindestens einmal pro Jahr in den Nachrichten zu hören. Entweder aus den USA oder auch bei uns. Wenigen fällt auf, dass es ziemlich häufig vorkommt, dass Lehrer von ihren Schülern umgebracht werden. Häufiger jedenfalls, als dass junge Menschen ihre Automechaniker oder Elektriker töten. Was steckt dahinter?

Es ist im Grunde eine alte Geschichte. Es ist die Geschichte, dass es kein Mensch auf Dauer aushält, klein zu sein und dass ein anderer größer und mächtiger ist oder sein soll. Der Große muss für seine Größe und Anerkennung offenbar einen Preis zahlen. Das scheint das Gesetz des Lebens zu sein. Ob uns das passt oder nicht. Ob das nun gerecht ist oder nicht. Es ist gefährlich, größer zu sein als die anderen.

In dieser Woche vor Ostern begleiten wir seit Jahrhunderten einen gefeierten Lehrer auf seinem letzten Weg. Vielleicht ist es der größte Lehrer der Welt. Seine Lehre war einfach. Das Leben sorgt für sich. Du musst nur lernen, es anzunehmen. Freitag wird er von seinen Schülern verraten und ermordet. Und alle Welt findet es entsetzlich. Und man zeigt mit dem Finger auf Judas, den Verräter des großen Lehrers. Und jahrhundertelang zeigte man mit den Fingern auf jüdische Menschen, die ihm einen fragwürdigen Prozess machten. Und man zeigte auf die römischen Soldaten, die ihren Spaß mit ihm trieben. Sie setzten dem großen Lehrer eine Krone auf den Kopf, die aus Dornen war. Hohn und Spott über den großen Lehrer. Und im Volke eine unerklärliche Macht, eine Hysterie, ihn tot sehen zu wollen. Aber keiner zeigt auf sich selbst.

Dabei steckt diese unerlöste Wut auf unsere Lehrer mehr oder weniger in uns allen. Wir machen das Große klein, um selber groß zu sein. Wir zerstören als Kinder schon das Schöne, um selber nicht immer im Schatten stehen zu müssen. Was steckt da an 1000 Demütigungen und Verwundungen in uns, dass wir so mit anderen Menschen umgehen?

Vater unseres Lebens erbarme dich über uns!

## Christen und Muslime: Geduld! Wir brauchen Zeit füreinander

Wir können bei uns in Deutschland den Bau von Moscheen nicht verhindern. Und wir wollen es auch nicht. Es ist eher umgekehrt. Wir brauchen Moscheen, damit sich Muslime unter uns zu Hause fühlen können. Und für alle Muslime, die sich jetzt noch ohne Moscheen oder ohne Minarette in irgendeinem Hinterhof versammeln müssen oder in irgendeiner ehemaligen Kraftfahrzeugwerkstatt, erzähle ich die Geschichte, dass wir Protestanten es vor 200 Jahren in manchen Gegenden Deutschlands auch nicht leichter hatten. Wir durften auch keine Kirchen bauen. Und wenn doch, dann durfte die Kirche nicht an der Straße stehen. Geschweige denn auf dem Marktplatz. Da standen ja die großen katholischen Dome längst. Und wir Protestanten bauten im Hinterhof unsere Hofkirchen. Wir mussten uns zufrieden geben, wenn kein Turm aufs Dach gesetzt wurde. Nur ein kleiner Dachreiter war da und dort erlaubt.

Evangelisch war eben in manchen Gegenden Religion aus dem Hinterhof. Und wo die Evangelischen die Mehrheit hatten, sind sie mit ihren katholischen Brüdern und Schwestern nicht besser umgesprungen. Da waren die unterdrückt. Es hat fast 200 Jahre gedauert, bis wir Christen uns untereinander so aneinander gewöhnt hatten, dass man nicht gleich aus der Familie ausgeschlossen wurde, wenn man eine Ehe mit einem aus der anderen fremden Konfession einging. Und manchmal kommt es vor, dass auch heute noch ein Protestant seine Nase rümpft, wenn er eine katholische Kirche betritt. Und mancher Katholik wird bei den Protestanten bis heute das Gefühl nicht los, dass bei denen etwas nicht stimmt.

Ich plädiere also für etwas Geduld im Umgang miteinander. Wir müssen uns als Muslime und Christen nicht gleich verstehen. Wir müssen uns respektieren. Wir müssen uns gegenseitig würdigen. Wir sind Gottes Kinder.

Wir brauchen Zeit füreinander. Und die haben wir doch, oder?

# Sind 13-Jährige mit schuld am Mord ihrer Großväter?

»Ihr seid zwar erst dreizehn, vierzehn Jahre alt, aber ihr seid auch alle mit schuld am Mord und Totschlag von über sechs Millionen jüdischer Menschen!« Das hatte ich in einer meiner ersten kirchlichen Unterrichtsstunden den Kindern gesagt und ihren lauten Protest herausgefordert. Es ist derselbe Protest, der von fast jedem heranwachsenden jungen Menschen in Deutschland kommt. Bis heute! Und ihr Argument liegt ja auch auf der Hand: Wie will man für eine Sache schuldig sein und sich schuldig bekennen, wenn man zum Zeitpunkt der Tat nicht einmal geboren war? Das ist doch absurd!

Das ist es auch. Es ist absurd und unlogisch. Aber im Zusammenleben der Menschen gilt eben nicht nur die Logik, wenn man sich verstehen will. Es gibt auch Gefühle und Empfindungen wie Liebe, Hass, Wut und Trauer, Rache und Zorn. Die haben alle mit Logik nichts zu tun und müssen doch durchlebt und gemeistert werden, wenn man Frieden stiften will. Und jeder alte oder junge Jude in der weiten Welt zuckt unmerklich an einer Spitze seines Herzens zusammen, wenn man sich als Deutscher vorstellt. Da droht der Graben zwischen Tätern und Opfern weiterzuwandern. Da stellen sich unwillkürlich dunkle Erinnerungen und Familiengeschichten zwischen die nachgeborenen, scheinbar unschuldigen Kinder und Enkelkinder. Diesen Erinnerungen und Horrorbildern kann man nicht dadurch entkommen, dass man einfach sein Geburtsdatum zum Besten gib und zur Tagesordnung übergeht.

Vom Vater und Großvater erbt man eben nicht nur den Garten, das Haus und den Haarausfall und die schlechte Durchblutung. Man erbt auch die Erinnerung der anderen Menschen an diese Zeit und ihre Täter und Taten.

Wer aus diesem Loch der stillen Anklagen herauskommen will, muss leise sagen lernen: »Ja, es war mein Vater, mein Großvater. Und wenn es gerade nicht die waren, dann waren es auf jeden Fall Menschen meiner Stadt und meiner Sprache, Menschen meines Landes, Menschen, die zu mir gehören und ich zu ihnen.«

Wer von den jüngeren Generationen in diesen noch lange andauernden Gesprächen zwischen Menschen jüdischen Glaubens und Menschen deutscher Nation so reagiert und die Schuld nicht barsch von sich weist, der macht in der Regel eine merkwürdige Erfahrung: Sein jüdischer Gesprächspartner wird mit ihm reden wollen, mit ihm weinen und lachen, diskutieren und tanzen. Und da und dort kann es sogar vorkommen, dass man ein Wort hört, das man nie erwartet hätte: »Du kannst ja nichts dazu! Du warst ja noch gar nicht geboren.«

So, genauso stell ich mir eine wirkliche Entschuldigung vor, die funktioniert. Denn wer um Entschuldigung bittet, der bittet ja nur darum. Schenken, ja schenken muss sie dann der andere, das Opfer, zu allem Überfluss. Doch nur so wächst Frieden.

# Arbeitslosigkeit ist auch eine Chance!

Die drogensüchtigen Kinder vom Bahnhof Zoo in Berlin sind längst auf die andere Straßenseite zu McDonald's gewandert. Da schnorrt es sich leichter. Und vorm Zoo warten die arbeitslosen Männer und Frauen tagaus tagein, dass irgendetwas auf sie zukommt. Und nicht nur der nächste Zug.

Ob der Mann dort auf mich gewartet hat? Jedenfalls strahlt er, als er mich erkennt und lädt mich zu einem »Käffken« ein. »Fünf Minuten«, sage ich, und er legt los. Er erzählt von seiner Arbeitslosigkeit. Ehemals Kraftfahrer, Bandscheiben kaputt, Job kaputt, Ehe kaputt, Stolz kaputt, alles kaputt! Und irgendwo in den Straßen Berlins wohnt sein zwölfjähriger Junge bei der Mutter, und er, der Vater, wartet immer hier am Bahnhof auf irgendwas und holt einmal im Monat Stütze vom Sozialamt.

Doch jeden Tag, den Gott schickt, putzt er seine Schuhe wie verrückt. Als wenn der Glanz der schwarzen Schuhe ihn vor dem Total-Absturz bewahren könnte. Und das tut er wohl auch. Woher sonst erklärt sich die höfliche Einladung zum »Käffken« aus seinem knappen Portemonnaie?

Ich könnte ihm eine Stelle bei einer Spedition besorgen. Will er nicht! Kann er nicht! Der Rücken lässt es nicht zu. Ich könnte ihm einen guten Arzt nennen, der ihm den Rücken wieder richtet? Will er nicht, kann er nicht, glaubt er nicht. Ich könnte ihm ... Aber er winkt ab. »Ich brauche keine Kohle, ich brauche keinen Arzt, ich brauche einen Sinn! Die Frau weg, der Sohn weg! Das Leben hat doch für mich überhaupt keinen Sinn mehr! Keiner braucht mich. Es ist nicht mehr spannend. Passiert doch nix! Ich warte hier auf meinen Tod. Das ist alles. Aber mir ist es zu wenig!«

Ich schaue ihn an. Arbeitslosigkeit, denke ich, ist nicht nur Sch ...! Arbeitslosigkeit ist auch eine Chance. In dieser geldverseuchten Zeit vielleicht die einzige Möglichkeit überhaupt, den wahren Sinn hinter der

Arbeit neu zu entdecken. Wir sind doch nicht auf die Welt gekommen, um Geld zu verdienen. Und dann noch mehr und noch mehr Geld! Wir sind doch auf die Welt gekommen, um für jemanden da zu sein und zu sorgen. Der Mann für die Frau, die Frau für den Mann, die Eltern für die Kinder und eines Tages die Kinder für die Eltern. Und alle zusammen für die Tiere, Pflanzen und die ganze Erde. Darum sind wir hier. Und nur darum geht es, wenn wir arbeiten. Die ganze Rennerei nach Geld und Reichtum ist ein einziges Teufelsrad, von dem du nur runterkommst, wenn du runterfliegst auf die Straße. Abgeworfen in die Gosse der Arbeitslosigkeit.

Okay – wenn keine Menschen da sind, die den Mann hier vor mir brauchen können, dann gibt es immer noch die Tiere. Die könnten ihn brauchen. Die Tierheime sind voll von verstoßenen und gekränkten Tieren. Die brauchen ihn dringend. Aber Tiere, sagt er, sind nicht sein Ding. Und wie wäre es mit Pflanzen? Die brauchen uns auch. Mit denen kann man auch ein heimliches Verhältnis haben. Kartoffeln anbauen, Möhren säen, Blumen ziehen – ein paar Sträucher und ein Baum – was ist damit? Ihnen Wasser bringen und sich an ihnen erfreuen, mit ihnen die Sonne rufen und den Regen? Das macht doch Sinn. Es gibt keinen frustrierten Gärtner. Die Nähe von Pflanzen reinigt die Seelen der Menschen von Sinnlosigkeit. Adenauer ging Rosen züchten, wenn er die Menschen nicht mehr ertrug.

Wir sind nicht für den Arbeitsmarkt auf die Welt gekommen, sondern um für unsere Geschwister, die Menschen, Tiere und Pflanzen zu sorgen. Und wenn du vom Teufelsrad der Konjunktur geschleudert wirst, dann fang bei den Pflanzen an. Sie bauen dich in aller Stille wieder auf, dass du es ihnen danken wirst! Und ich entwarf dem Mann eine Anzeige: »Wer verpachtet mir das Glück? 100 Quadratmeter Gartenland von Langzeitarbeitslosem gesucht.« Da hatte er es auf einmal eilig.

# *Fantasie*

## Wie Kirchen Wärme spenden können

# Wir Pfarrer werden ausrangiert aus den Herzen der Menschen!

Warum? Ich bin schockiert! Auf der Skala, wem die Menschen in Deutschland vertrauen, ist die Kirche mit uns Pfarrern auf einen der letzten Plätze abgerutscht! Polizei und Feuerwehr, Arzt und Lehrer, alle stehen besser da als wir Geistlichen. Gottes Bodenpersonal wird langsam ausrangiert aus den Herzen der Menschen. Sogar Journalisten rangieren noch weit vor uns. Das sah vor 20, 30 Jahren noch genau anders aus. Da standen die Pfarrer und die Ärzte an der Spitze der Vertrauensskala unseres Volkes. Und die Journalisten ganz unten. Was ist passiert?

Was haben wir Pfarrer alles so fürchterlich falsch gemacht? Es kann doch nicht an den scheinbar verstockten Menschen liegen, dass sie auf uns Kirchenleute nicht mehr hören wollen. Es muss doch auch an uns liegen. Also, was haben wir falsch gemacht? Vieles! Einiges!

Wir haben als Erstes versäumt, die Religion in den Herzen der Menschen zu verankern und nicht in den Köpfen. Religion ist eine Herzenssache. Herzenssachen sind viel älter als aller Verstand. Das Herz trägt schließlich den Kopf! Und nicht umgekehrt! Das Herz sitzt tiefer! Glaube ist nicht eine Sache der Klugheit. Glaube ist mehr innen als außen. Glaube ist mehr ahnen und horchen als exakte Wissenschaft. Religion ist ein Gefühl. Es sorgt dafür, dass man seine Herkunft achtet und verehrt. Religion ist Heimatkunde der Seele.

Die vollen Kirchen zu Weihnachten sind jedes Jahr der Beweis dafür. Die alten Weihnachtslieder sind die Heimatlieder der Seele. Wir Kirchenleute sollten die Menschen mit ihrer Heimat vertraut halten. Denn hinter der Heimat auf Erden, hinter Kindheit, hinter Herkunft, und lange versteckt hinter Vater, Mutter, Land und Leute warten Mutter Erde und Vater

Himmel auf ein Zeichen von jedem Menschen, dass er ein Kind von Himmel und Erde ist und von ihnen abstammt.

Irgendwann kommt wie bei vielen adoptierten Kindern die Frage hoch, wer hinter allen scheinbaren Vätern und Müttern der wirkliche Vater und die wirkliche Mutter ist. Dann ist die Zeit der Religion gekommen, die Menschen wie den verlorenen Sohn zurück zum Vater zu führen.

## Die Kraft der Kerzen

Ich weiß nicht, wie lange schon der Kerzenkronleuchter in der alten Kirche in Brandenburg nicht angezündet worden war. Ich war nur sicher, dass er noch nie an einem ganz gewöhnlichen Donnerstagabend wie heute gebrannt hatte. Aber unter dem ermutigenden Applaus der Menschen holte sich der junge Mesner die Treppenleiter, stellte sie unter den Leuchter und entzündete Kerze um Kerze und schaltete alle elektrische Lampen aus.

Da wurde es mit einem Mal warm und still in dem alten Gemäuer. Merkwürdig! Welche Kraft die Kerzen haben. Oder ist es beides: Die Kerzen und die wunderschöne alte Kirche im Halbdunkel der lebendigen Lichter? Wer von uns wusste eigentlich, dass es mitten in der noch halb verfallenen Stadt einen Platz gibt, der unter den Ruinen unseres Lebens unsere Seelen zur Ruhe kommen lassen kann?

Die Kerzen brennen und jeder spürt in der Stille der Nacht die Ruhe und den Frieden, der in uns hineinströmt wie Licht in die Finsternis.

Hunderte von Menschen waren in die alte Kirche gekommen. Wahrscheinlich wegen mir. Der Pfarrer vom Fernsehen war ja angekündigt. Und alle waren gekommen. Nicht nur die Christen. Auch die, die noch nie dieses alte Gemäuer von innen gesehen hatten. Es war Full House! Aber eben nur heute. Und vielleicht auch Weihnachten. Sonst aber nicht. Sonst war es wohl eher ein wenig besuchtes »Museum«, das mehr von alten Zeiten erzählt als von heute.

Aber wenn ich gleich, in wenigen Minuten, gehen würde, so gegen Mitternacht, dann müsste ich den Menschen etwas dalassen. Irgendeine wohltuende Erinnerung an diesen Abend sollten sie in ihren Herzen haben. Irgendetwas, was auch ohne mich zählen würde. Und so kam mir die Idee mit den Kerzen und dem alten Leuchter.

Diese alte Kirche müsste wieder zur Heimat der Menschen werden, die in der kleinen Stadt hier wohnen. Und das Erste, was wir in ihre alten und oft kalten Mauern zurückbringen müssten, wäre Wärme. Es gibt keine Heimat ohne Wärme. Sie müsste in diese Mauern Einzug halten wie der Frühling nach einem langen, langen Winter. Oder eben wie ein lebendiges Feuer in einem Kamin, wenn sich mit dem Herbst die Wärme der Sonne langsam verabschiedet.

Und solange wir Menschen in unseren alten Kirchen nicht fähig sind, uns gegenseitig diese Wärme und Zuneigung zu schenken, müssten wir uns vom Glanz der Kerzen helfen lassen. Wenn erst Kerzen brennen, gehen wir auch behutsamer miteinander um.

# Ein Priester ohne Worte, der viel sagt

Die Sonne brannte heiß auf die Lagune von Venedig. Italien erlebte den heißesten Sommer seit Menschengedenken. Und wer der Gluthitze der Sonne entfliehen konnte, der tat es. Und als ich in die Kühle der alten Basilika trat, war ich deshalb sehr verwundert, doch der einzige Mensch hier zu sein. Gut, sie lag nicht gerade an den großen Touristenströmen zwischen Markusplatz und den großen Parkplätzen. Man musste schon ein Boot nehmen und über die Glasbläserinsel Murano und das Fischerdorf Burano hinaus zu der Stelle fahren, an der Venedig vor gut tausend Jahren einst ursprünglich erbaut werden sollte. Mit der Basilika hatten sie ihr Projekt begonnen. Das Kloster der frommen Brüder daneben. Und dann hatte sie irgendetwas veranlasst, mit dem Bau der Wunderstadt doch auf dem Wasser hinaus neu zu beginnen. Vielleicht waren es sogar Mücken in den Lagunen-Sümpfen, die damals noch das Sumpffieber übertrugen. Und die nur der salzige Seewind in Schach hielt.

Und nun war von all dem nur die Basilika geblieben. Ich kniete nieder. Der einzige Mensch in einer kühlen Oase des Himmels, dachte ich. Ich faltete die Hände, schloss die Augen und wollte beten. Doch meine Ohren nahmen noch irgendetwas Fremdes wahr. Irgendetwas war noch hier. Ich war vielleicht doch nicht allein. Ein Tier vielleicht? Oder war es der Wind? Aber die Lagune war windstill wie selten mitten am Tag. Was war da? Ich öffnete wieder die Augen. Das Geräusch kam von vorne, aus dem Altarbereich. Jetzt war es ganz deutlich. Irgendwas war da. Sollte ich nachschauen gehen? Da tauchte auf einmal hinter dem Altar die Gestalt eines alten Priesters auf. In sich und in die Stille der Kirche völlig versunken musste er wohl hinter dem Altar gekniet und gebetet haben. Oder doch nicht? Was machte der Alte da? Jetzt blätterte er in seinem Messbuch und las laut weiter. Legte das alte Buch weg und drehte sich zum Stehpult, ging ein paar Schritte, holte irgendetwas aus der Tasche seines Priestergewandes. Hielt es sich vor die Augen. Eine Lupe! Und las wieder laut das Evangelium. Der alte Priester las die Messe! Er feierte die heilige Messe, ohne dass auch nur eine Seele sich in seine Kirche verirrt hatte! »Einschaltquote null!«, ging es mir durch den Kopf! Nicht einmal zwei oder drei waren da. Nur er. Denn mich hatte der alte Mann offenbar immer noch nicht bemerkt. Jetzt hob er die Arme mit der heiligen Hostie, sprach die heiligen Worte, brach die Hostie, kniete wieder nieder und aß die eine Hälfte. Später trank er den Wein aus dem Kelch. Mutterseelensolo! Einschaltquote null! Ihn interessierte nicht, wie viel Erfolg er mit seinem Tun hatte. Tat er nur seine Pflicht?

Kaum! Wer sollte ihn hier kontrollieren? Eher war wahrscheinlich, dass er seine Lebensaufgabe gefunden hatte, Priester zu sein. Und wenn sich schon alle Welt von der heiligen Hostie abgewandt hatte, um anderen Göttern zu dienen, dann war er eben der Letzte, der sich nicht ablenken lassen wollte von der Mitte seines Lebens.

Leise schlich ich mich aus der alten Basilika. Nie hat ein Prediger und Priester ohne alle Worte mir so viel zu sagen gehabt.

# Was ein Hund im Gottesdienst lehrt

Ich saß feierlich im schwarzen Pfarrertalar mit weißem Kragen in der ersten Reihe der überfüllten Kirche. Weit über tausend Menschen waren gekommen. Und mir wurde schon etwas flau in der Magengegend. Gleich sollte ich auf die Kanzel steigen und reden. Und wieder würde ich ohne Zettel nach oben steigen. Ohne Zettel, ohne Manuskript! Da beschleicht auch einen geübten Prediger das Lampenfieber. Was mache ich, wenn ich stecken bleibe? Was soll ich bloß tun, wenn ich einen »Blackout« habe? Wenn mir nichts mehr einfällt?

Über die tiefe Kraft unserer Lieder wollte ich reden. Und deshalb hatte ich zu Beginn des Gottesdienstes einen bekannten Choral ausgesucht, damit die tausend Menschen kräftig mitsingen konnten. Sie sollten sich spüren. Alle sollten mitsingen können. Das war mein Wunsch. Oder soll ich sagen, es war mein Gebet? Denn ich hatte mich auf der Bank etwas nach vorne gebeugt und die Hände gefaltet und den Himmel um Hilfe angefleht. Dass alle mitsingen sollten, muss der Himmel sehr, sehr wörtlich verstanden haben. Denn auf einmal ging ein Jaulen und Heulen und Bellen durch die große Kirche. Ein Hund! Ein Hund in der Kirche! Irgendeine ältere Dame vielleicht, die ihre Einsamkeit mit einem kleinen Hund teilt? Nein! Das Bellen und Jaulen war zu gewaltig. Das musste ein größeres Tier sein. Könnte es vielleicht der Hund eines Obdachlosen sein, der im Schutz der großen Kirche die Nacht verbracht hatte und jetzt einfach in einer dieser endlosen Bänke sitzen geblieben war? Was ist das bloß für ein Hund? Ich krieg' es nicht heraus. Schließlich bellt der Bursche hinter mir, weit hinter mir. Und wenn ich mich jetzt umschaue, werden die Menschen meinen, so ein Hund würde mich stören. Und der oder die, dem dieser Hund gehört, wird rot werden und aus der Kirche laufen und nie wiederkommen. Was soll ich nur tun?

Als die letzte Strophe gesungen und gebellt wird, stehe ich auf, gehe zum Altar, drehe mich um und lächle. Mir ist nämlich eingefallen, dass dieser Sonntag »Cantate« heißt. Und das heißt auf Deutsch: »Singt!« Das hat sich der Hund beim vollen Gesang der Menschen eben nicht zweimal sagen lassen. Aber sagen Sie das mal den frommen Kirchgängern!

Was habe ich denen gesagt: »Bitte, Ihr Menschen, solange Ihr meint, der Hund könnte uns stören in unserer Andacht, dann wird er es auch tun. Wenn ihr aber euer Herz öffnet wie der heilige Franz von Assisi und auch diesem Hund einen Platz in unserer Kirche einräumt, wird er wie Ihr zur Ruhe kommen.«

## Bei Scheidung noch einmal in die Hochzeitskirche!

Jede dritte Ehe in unserem Land zerbricht mittlerweile. Und doch träumt jeder kleine Junge und jedes kleine Mädchen weiterhin: Eines Tages – da finde ich die Liebe meines Lebens. Ganz sicher! Und er liebt mich, und ich liebe ihn, und wir lieben uns, und wir bleiben für ein ganzes Leben zusammen. Ganz bestimmt! Als wenn es von fern so bestimmt wäre.

In solchen Kinderträumen spiegelt sich die Ewigkeit. Etwas im Leben soll wenigstens immer und ewig halten. Wenn schon alles und alles vergeht und Marmor, Stein und Eisen bricht – die Liebe soll ewig halten.

Ehe und ewig, das war ursprünglich sogar mal ein Wort. Es erzählt noch davon, dass zwei Menschen beschlossen hatten, auf ewig zusammenzubleiben. Eben bis dass der Tod sie scheiden würde. Wenn er das überhaupt könnte! Denn wer hat nicht schon tief erstaunt und bewegt davon gehört, dass ein hinterbliebener Ehepartner seinem Gefährten fast auf dem Fuß in die Ewigkeit gefolgt ist. Tage oder wenige Wochen später bin ich oft genug hinter einem Sarg hergegangen, um ihn neben einem noch frischen Grab mit kaum verblichenen Kranzschleifen der Erde zu übergeben. Die Liebe war wieder einmal stärker als der Tod. Doch um so fest zusammenzuwachsen, muss man tiefe Wurzeln schlagen. Da muss das Leben an der Ehe auch heftig gerüttelt haben, damit ein Paar noch tiefere und stärkere Wurzeln schlägt. Weit, wie auch in die Familie des Partners hinein. Denn wer heiratet, der bindet sich nicht nur an einen einzigen Menschen.

Wer heiratet, heiratet nicht nur eine Frau oder einen Mann. Man heiratet meist eine ganze Familie: einen Schwiegervater, eine Schwiegermutter und dann und wann sogar viele Geschwister. Das spürt man zwar nicht immer gleich und sofort. Aber man spürt es dann, wenn die Ehe nicht ewig hält und man als Ehepaar wieder auseinander gehen möchte. Da hat man fast das Gefühl, man müsste, nachdem man sich als Paar schon über die Trennung einig ist, noch einmal wie damals zu den Schwiegereltern gehen und sie bitten, den »Schwiegersohn« von seinem Versprechen zu entbinden, die Tochter glücklich zu machen. Es reicht eben nicht, sich nur von seinem Partner zu lösen. Die Ehe geht viel tiefer.

Und wer steht dem Paar zur Seite, wenn es scheitert? Zur Hochzeit waren doch alle da! Da wollte keiner abseits stehen – bei Champagner, Kuchen und Tanz in den Morgen! Aber wer ist jetzt da? Jetzt, wo die Einsamkeit die verrücktesten Blüten treibt und mit dem Gezerre um Kinder, Geld und Schuld das Leben der beiden und ihrer Kinder vollends zu ruinieren droht: Wer ist da an der Seite der Fremdgewordenen?

Ich könnte mir in der Tat eine Zeremonie vorstellen, zu der der Pfarrer in die alte Hochzeitskirche einlädt. Da feiern sie jetzt nicht die Hochzeit wie vor Jahren. Sondern da trauern sie gemeinsam, dass die Kinderträume zu Illusionen wurden. Und da versprechen sie sich, dass keiner dem anderen die Schuld gibt. Und da hoffen sie sicher, dass auch diesem Ende ein Anfang folgt und der Himmel zwei Menschen eine neue Chance gibt, die Ewigkeit auf der Erde schon zu spüren.

## Der Weg des Dienstes führt aus jedem Gefängnis

»Lieber Herr Fliege, in unserem Gefängnis leben hunderte von Gefangenen. Darunter über 200 Lebenslängliche. Könnten Sie bei uns mal vorbeischauen und einen Gottesdienst halten?« Das steht in einem Brief, der mich schon vor Monaten erreichte. Und nun sitze ich im Zug, um endlich zu den Gefangenen im Gefängnis zu fahren. Aber was soll ich da? Was erwartet mich da? Zuerst sicherlich die leidige Türschließerei mit den großen Schlüsseln. Und irgendwo hinter den hohen Mauern wird es wohl auch einen schlichten Raum geben, in dem sich die Männer zum Gottesdienst versammelt haben. Und dann? Ob es wohl stimmt, dass die gefangenen Männer weniger an Religion interessiert sind als daran, irgendwas unentdeckt zu tauschen? Wir werden sehen!

Und dann wird es sicher ein paar Männer geben, die in mir die letzte Chance sehen, endlich als unschuldig anerkannt zu werden. Ich werde ihnen kaum helfen können. Ich werde niemandem helfen können. Das ist ja das Besondere an dem heutigen Morgen, dass ich niemandem richtig helfen kann. Ich habe keinen Dietrich dabei, um die Gefängnistüren aufzuschließen und ich bin auch kein Richter, der die Tore noch einmal öffnen könnte. Ich habe nur Worte in meinem Gepäck. Und alles wird darauf ankommen, ob Worte auch Kraft haben, Freiheit zu schenken. Also, was soll ich den Männern sagen?

Ich werde ihnen sagen, dass ich mit ein bisschen Pech genauso gut da sitzen könnte. Schließlich habe ich vor Jahren einmal meine schreiende kleine Tochter am Ende meiner Geduld so ins Bett zurückgestoßen, dass ihr auch etwas hätte passieren können. Ich bin auch oft genug viel zu schnell mit dem Wagen unterwegs gewesen. Zwar ohne Alkohol, aber wenn da was passiert wäre, ich wäre dran gewesen, keine Frage. Wer von uns hat nicht auch ähnliche Geschichten? Keiner kann sich davon freimachen. Ich bin also nicht gekommen, um noch einmal mit dem Zeigefinger zu drohen und zu richten. Wenigstens nicht so, wie diese Männer einmal vor Gericht gestanden haben. Ich bin gekommen, ganz anders zu richten. Ich bin gekommen, aufzurichten und gemeinsam mit den Männern für ihre beladenen Biografien und Seelen eine Strategie zu entwerfen, wie sie mit der Last ihrer Schuld fertig werden könnten. Vielleicht hilft schon ein kleiner seelischer Kniff. Vielleicht hilft schon, dass die Männer das schwere Wort »Schuld« in ihrer Seele gegen das Wort »Verantwortung« austauschen müssen. Schuld macht immer so stumm und hilflos. Aber wenn man für seine Taten und Untaten Verantwortung übernehmen würde, das könnte was bringen. Das würde bedeuten, dass man auf alles, was einem im Leben passiert ist, antworten und reagieren kann.

Wer von den Lebenslänglichen wird denn schon Briefe an die Angehörigen seiner Opfer geschrieben haben? Und wer von ihnen wird darin eine Antwort auf seine Taten gefunden haben, nämlich dass er tief in seiner Seele bereit ist, den anderen Menschen zu dienen? Der Weg des Dienens führt aus jedem Gefängnis.

# Eine erotische Kirche

Wir brauchen eine neue Kirche. Klar! Aber nicht irgendeine. Sondern eine ganz bestimmte. Und die neue Kirche wird eine erotische Kirche sein müssen! Jawohl, eine erotische! Es wird knistern müssen zwischen Himmel und Erde wie zwischen zwei Menschen. Dort wird man nicht nur von Liebe reden. Man wird die Liebe erleben. Ja, genau dieses Gefühl zwischen Mann und Frau meine ich, wenn ich das Gefühl beschreiben soll, das uns zusammenführen wird. Denn die weltoffene Kirche wird ihre Menschen wirklich lieben und eine Atmosphäre schaffen, in der sich die Menschen lieben können.

Und das fängt damit an – wie jede Erotik zwischen den einzelnen Menschen auch – dass man sich anschaut, in die Augen schaut. Doch wie soll das gehen in den alten Sonntags-Schulbänken, wo einer hinter dem anderen steht? Da haben wir die Wahl, ob wir die toten Bänke oder die lebendigen Augen der Menschen anschauen wollen. Die Zeiten werden hinter uns liegen, in denen man in den Kirchen den anderen nur den Rücken zeigte. Bänke raus, Menschen rein!

In der neuen erotischen Kirche wird es ein langes Begrüßen und Befragen geben. Sich umdrehen von Grüppchen zu Grüppchen wie auf dem Marktplatz und Fragen nach Woher und Wohin und: »Was machen die Kinder?«, und: »Wie geht es den Alten?« Man reicht sich die Hände und nimmt sich da und dort schon in den Arm und wischt verstohlen die Tränen der Traurigen ab. Denn es ist nicht alles Gold was glänzt – es können auch Tränen in den Augen der anderen sein.

Und weiter folgt die neue erotische Kirche der Erotik der Liebenden. Jetzt schafft der Gastgeber, der Pfarrer, der Priester, zuerst ein Klima des Verstehens. Er hat alle eingeladen. Seine Arme geöffnet wie die Türen. Und er meint das auch so. Seine Augen lachen. Sein Blick versteht und richtet nicht.

Musik holt jetzt die Menschen zum gemeinsamen Fest. Und wie die Liebenden sich gegenseitig beim Rendezvous ihre Geschichten erzählen, so erzählen die Menschen jetzt von ihren Erfahrungen der vergangenen Tage. Von der Sorge um die Kinder, von der Arbeitslosigkeit und den Geldproblemen, vom Aus der Liebe und vom Altwerden. Von der Sorge um die Zukunft der Kinder und dass der Spargel dieses Jahr nicht so recht kommen will. Alles erzählen sie. Das Banale und das Tiefe. Denn den Liebenden ist alles wichtig. Und nichts ist gering.

Man wird singen, beten, feiern, segnen, Geld zusammenlegen und andere ermutigen, heilen und teilen, Telefon-Nummern und Kochrezepte austauschen und noch Tage von dem Gefühl zehren, dass es nichts und niemanden gab, der unwichtig war. So recht das Klima, um von den Gehversuchen zwischen Himmel und Erde zu erzählen, wo man nichts mehr hatte. Nur noch Hoffnung. Und die trug.

## Die wahre Kraft des Abendmahls

Die Priester hatten ihr wohl Druck gemacht. Warum sie nicht zum Abendmahl, zur Kommunion gehen würde, wollten sie von der Frau wissen. Und gerne hätte sie ihnen die Wahrheit gesagt. Aber sie traute sich nicht. »Was soll ich da«, hätte sie sagen müssen. »Es bringt mir nichts! Ich spüre nichts! Und wenn ich nichts spüre, aber die anderen Leute so aussehen, als wenn sie etwas spüren würden, dann geht es mir erst recht schlecht. Schlechter als zuvor! Da bin ich erst recht draußen vor.«

Vielleicht aber ist das ganze heilige Getue da vorne am Altar auch nur ein scheinheiliges Theater, dachte sie. In Wirklichkeit spürt keiner etwas beim Abendmahl. Und nur sie, die Frau um die fünfzig, wäre die Einzige, die die Wahrheit sagen würde. Aber sie würde den Mund halten. Nein danke! Da bliebe sie lieber brav in ihrer Kirchenbank sitzen, wenn die anderen nach vorne zum Altar ziehen, um Brot und Wein zu teilen. Aber zufrieden war sie mit ihrem Verhalten dann doch nicht. Irgendetwas musste doch hinter dieser uralten Tradition stecken? Das konnte doch nicht alles Hokuspokus sein?

Als ich ihre Gemeinde besuchte, war sie die Erste, die mit mir sprechen wollte: »Muss ich zum Abendmahl gehen?««Sie müssen gar nicht«, war meine Antwort. Und eine Frage schob ich gleich hinterher: »Wer macht Ihnen denn so viel Druck? Sind es die Pfarrer oder sind es die Leute, die mitbekommen haben, dass Sie in Ihrer Bank sitzen bleiben, während die ganze Familie vielleicht nach vorne geht? Wer macht so viel Druck? Ich muss das gar nicht wissen. Aber niemand ist auf die Welt gekommen, um nach den Erwartungen der anderen Menschen zu leben. Auch nicht nach den frömmsten Erwartungen!«

Und ich fuhr fort: »Aber wenn Sie wissen wollen, wie Sie vielleicht doch etwas spüren könnten, beim Abendmahl oder bei der Eucharistie, da weiß ich einen Weg.« Hinter dem feierlichen Abendmahl steckt nämlich das Verlangen vieler Menschen, mit dem Himmel einen neuen Bund, eine neue Verabredung zu schließen. Sie wollen neu anfangen und der Himmel soll ihnen beistehen. Und Wein und Brot, die man auf der Zunge spürt, sind wie die Siegel unter einem Vertrag. Wir haben den Leib und das Blut Christi neu zu uns genommen.

Wer das spüren will, obwohl ihm die Liebe des Himmels im Augenblick zu weit weg erscheint, der nimmt am besten den Menschen an die Hand, der im nahe ist und viel bedeutet. Es sollte ein Mensch sein, mit dem er eine alte Verabredung gern erneuern oder vertiefen würde. Man kann seinen Ehepartner genauso an die Hand nehmen wie sein Kind. Nur loslassen darf man die ganze Zeit nicht. Die eine freie Hand kann dem Pfarrer ja das Brot aus der Hand nehmen und auch helfen, den Kelch zum Mund zu führen. Wichtig ist, dass man den, den man liebt, die ganze Zeit an seiner Seite spürt. Und auf einmal dringt das fremde Ritual am Altar ins eigene Herz hinein. Es bekommt seine alte Feierlichkeit zurück. Es wirkt, gibt neue Kraft.

Und wenn Sie dann Hand in Hand auch noch zu Ihren Plätzen zurückgehen, sehen es alle: Da wurde eine alte Liebe erneuert. Und wer hätte das nicht nötig.

## Dringend gebraucht: Seelsorger auf dem Arbeitsamt!

Im Krankenhaus gibt es den Krankenhauspfarrer. Bei der Bundeswehr gibt es den Militärpfarrer. Im Kurort gibt es den Kurpfarrer. Auf dem Kreuzfahrtschiff gibt es den Schiffspfarrer und auf dem Rummelplatz gibt es sogar den Schaustellerpfarrer. Und es gibt gute Gründe für jeden von ihnen.

Aber wissen Sie, wo eigentlich ein Seelsorger hingehört? Aufs Arbeitsamt! Dringend! Sofort! Da, wo vier Millionen mit ihren Familien zwischen Hoffnung und Verzweiflung, zwischen Ducken und Auftauchen mit ihrem Leben zurechtkommen müssen und Sorgen über Sorgen, Fragen über Fragen haben.

Aber was soll ein Seelsorger auf den Fluren des Arbeitsamtes? Offene Stellen kann der doch auch nicht aus dem Hut zaubern. Stimmt! Aber das soll er auch gar nicht.

Er kann aber dabei hilfreich sein, dass ein Mensch ohne Arbeit einen ganz bestimmten Glauben nicht verliert. Den Glauben, der uns Menschen über alle Grenzen der Religionen auch verbindet. Und das ist der Glaube an sich selbst. Das ist der Glaube, dass jeder Mensch für etwas gut ist. Aber genau der geht bei langanhaltender Arbeitslosigkeit verloren.

Also, was soll man denn tun, wenn man als Arbeitsloser den Eindruck gewonnen hat, dass man überflüssig ist und kein Mensch mehr da ist, der einen braucht? Da geht das Selbstwertgefühl dieser Menschen doch gegen Null. Aber welcher Arbeitgeber stellt gern einen Menschen ein, dessen Kopf runterhängt wie eine welke Blume? Da kann es schon ein guter Rat sein zu sagen: Wenn dich kein Mensch mehr braucht, dann brauchen dich vielleicht die Tiere und Pflanzen! Geh und kümmere dich in der Zeit, die du hast, um die. Geh in den Stadtpark und räume auf. Gib den Bäumen an der Straße im Sommer Wasser. Engagier dich im Tierschutz-Verein!

Und frag nicht, ob dich irgendeiner in Mark oder Euro bezahlt. Sei sicher, sie bezahlen. Sie nehmen nicht nur deine Hilfe an, sie geben auch. Sie stärken dein Rückgrat wieder. Sie lassen dich beim nächsten Bewerbungsgespräch anders auftreten. Du bist wieder wer. Du bist wichtig! Wichtiger als du selbst dachtest. Du hast ein Stück Glauben an dich selbst zurückgewonnen. Und die anderen werden es merken.

Also: Wo bleiben die Seelsorger fürs Arbeitsamt?

# Trost für Kinder: eine »Messe« für ihre toten Tiere

Das kleine Mädchen weinte. Und es war irgendwie meine Schuld. 1000 Sendungen hinterlassen eben ihre Spuren. Und eine heißt: Ich bekomme vielleicht ein dickes Fell. Ich hatte das Mädchen mit ihren drei Geschwistern und den jungen Eltern ins Fernsehen eingeladen, weil ein Zimmerbrand ihre ganze Einrichtung verbrannt und verkokelt hatte. Nichts war ihnen geblieben, nur ihr nacktes Leben und je eine Hose und ein Sommerhemd. Haargenau erinnerten sich die Kinder an diesen Sommernachmittag. Drama genug! Die Feuerwehr konnte nichts retten. Als man sie alarmierte, ordneten sie noch an, die Fenster und Türen der Wohnung dicht zu verschließen, um das Feuer zu ersticken.

Wer denkt in solchen Augenblicken daran, dass die Mäuse der Kinder noch in der Wohnung sind. Wer denkt an die kleine Katze? Die Feuerwehrleute hatten nur gefragt, ob noch Menschen in der Wohnung wären. Das war Gott sei Dank nicht der Fall. Aber die kleinen Mäuse in ihrem Käfig! Und die Katze!

Als man später die Türe aufbrach, fand man weder von den Mäusen noch von der Katze eine Spur. Das Feuer hatte sie getötet. Und genau das war es, was die Kinder bis in ihre Träume hinein verfolgte. Katze und Mäuse waren ihnen wichtiger als Menschen. Eine jaulende Katze hinter der verschlossenen Wohnungstür, die die Mutter auf Anweisung der Feuerwehr fest verschlossen hatte! Was ist der Unterschied zwischen Hänsel im Feuerofen der Hexe und den kleinen niedlichen Mäusen im Feuerofen der Menschenwohnung?

Die Kinder waren untröstlich. Da kam mir die Idee, für die Mäuse und die Katze sozusagen eine Messe zu bestellen, eine Zeremonie, in der wir mit Kerzen und Liedern und Gebeten von den Tieren Abschied nehmen könnten. Die Familie hatte schon genug unrettbar verloren. Die Seelen der Kinder aber waren noch zu heilen.

## Darf ein Pfarrer im Rotlicht-Milieu predigen? Er muss!

Darf ein Pfarrer in einem Erotik-Magazin predigen? Das wurde ich vor einiger Zeit immer wieder gefragt. Ich hatte einem freizügigen Magazin Rede und Antwort gestanden, was mit Gott, Kirche und Moral los sei. Also, darf ein Pfarrer quasi im Rotlicht-Milieu auftauchen?

Und meine Antwort darauf ist klar: Er darf es nicht nur, er muss es sogar! Denn es entspricht der letzten und gewichtigsten Anordnung Jesu an seine Jünger. Damals hat er zu Himmelfahrt westlich vom See Genezareth zu seinen Leuten zum Abschied gesagt: »Geht jetzt! Geht zu den Menschen. Geht zu allen Menschen in alle Welt und lehrt sie, was ich euch gelehrt habe. Und fürchtet euch nicht davor. Ich werde bei euch sein!« Punkt! Nicht mehr und nicht weniger hat Jesus gesagt!

Davon, dass man auf keinen Fall zu den Menschen gehen sollte, die vielleicht einen etwas zu lockeren Umgang mit der Sexualität haben, hat Jesus nichts gesagt. Und wenn von dort sogar die Einladung kommt, über Gott mit ihnen zu reden, dann darf man sich aus Angst vor drohenden Auseinandersetzungen nicht einfach drücken. Hatte Jesus nicht gesagt, man solle sich nicht fürchten? Jesus sagt: »Habt keine Berührungsängste!«

Umgekehrt wird sogar eher ein Schuh daraus. Man sieht Jesus in den Geschichten der Bibel immer wieder im Gespräch mit Betrügern und in der Begegnung mit leichten Mädchen. Den Pharisäern, die ihn deswegen angriffen, erklärte er: »Nicht die Gesunden bedürfen des Arztes, sondern die Kranken.«(Matthäus 9,12). Jesus hat da also keine Berührungsängste und verlangt von seinen Schülern, zu denen ich mich gerne zählen lassen möchte, dieselbe Gelassenheit.

Und so ziehen seit dieser Zeit die Schüler Jesu durch die Welt und erzählen von Jesus, dem Gottesmann, mit dessen Worten und Händen der Himmel die Erde berührt. Sie predigen auf den Marktplätzen. Man sieht sie in den Gefängnissen und Zuchthäusern dieser Welt und neben den Werkbänken in den Fabriken. Letztlich sahen wir sie sogar auf den Schlachtfeldern des Morgenlandes.

Und wer nun gerne sähe, dass wir Geistlichen nur in Kirchen predigen sollen, der hat sich verabschiedet von Jesu gutem Willen.

# Besuch beim Bischof und ein Brief von Rebecca

Woher kam der Brief? Vom Himmel oder nur von Rebecca? Ich kam gerade von meinem Bischof, der mich einbestellt hatte. Er war besorgt. Die Presse schrieb schließlich die wildesten Sachen über mich. Und manchmal käme die Kirche bei mir zu schlecht weg, ermahnt er mich. Seine Kirche von gestern, denke ich und sage kein Wort. Er weiß doch, dass jeden Tag tausend Seelen die Kirche verlassen. Und so wie es war, so sollte es bleiben?

Freundlich verabschieden wir uns. Da stand ich nun nachdenklich und etwas verloren auf dem Flur. Und da kam der Brief. Sozusagen postwendend. Nur merkte ich es noch nicht. Ich nahm ihn wie immer dankend an und steckte ihn gedankenverloren in die Tasche. Später würde ich ihn lesen. Das Gespräch mit dem Bischof wirkte nach. Sollte ich wirklich vorsichtiger werden und mich da und dort weniger aus dem Fenster beugen? Sollte ich wirklich etwas mehr »den Pfarrer herauskehren«?

Ich bin unsicher. Ich weiß nur, dass der Bischof es gut meint. Schließlich ist er nicht nur mein Bischof, sondern auch mein alter erfahrener Freund. Bloß – wir können doch nicht einfach nur weitermachen, wenn uns jeden Tag 1000 Menschen weglaufen. Wir müssten uns doch was einfallen lassen!

Heute noch müssten wir ein Programm der hundert Schritte ausarbeiten. Jeden Tag ein richtiger Schritt aus der Krise! Und der Erste wäre, die Kirchentüren aller evangelischen Kirchen Tag und Nacht zu öffnen. Sie müssen offen sein wie der Himmel, damit jeder Mensch in ihnen beten kann und Schutz und Geborgenheit findet. Und der hundertste Schritt dürfte nie der Letzte sein. Vielleicht müssten wir wie einen Restaurantführer einen Kirchenführer herausgeben, in dem die heilsamsten Kirchen mit ein, zwei, drei lila Engeln vorgestellt würden? Wir müssten doch etwas tun! Und Maßstab dürfte nie die Kirche von gestern sein. Der Maßstab ist Jesus, der die Menschen liebt. Er ist sogar wichtiger als die Bibel. Denn Buchstaben können so tot sein wie abgeschlossene Kirchen. Ich frage mich: Soll ich mich ändern? Da spüre ich den Brief wieder! Ich nehme ihn aus meinem Jacket, öffne ihn und lese im Gehen. Er ist wohl von einem Teenager. Ich lese und trau meinen Augen nicht.

»Lieber Jürgen Fliege, ich möchte Ihnen gerne etwas über Ihre Sendung und über die Kirche schreiben. Man merkt nicht unbedingt, dass Sie Pfarrer sind, wenn man Ihnen das erste Mal zuschaut. Ich weiß nicht, ob das für Sie jetzt positive oder negative Kritik ist. Sie sind für mich ein Beispiel für eine andere Art von ›Glaubensvermittlung‹; ein bisschen von der üblichen Norm der Kirche abzuweichen, halte ich für sehr wichtig. Und genau dafür sind Sie eben ein gutes Beispiel. Herzliche Grüße Rebecca (14 Jahre).«

Ich muss grinsen. Mein Bischof ist 63 Jahre. Rebecca ist 14 Jahre. Wem soll ich folgen? Ich folge Rebecca! Nicht weil sie mich bestätigt. Das wäre nur dumm, denn Kritik kann heilsamer sein. Ich folge ihr, weil ihr Brief mir einfach zu pünktlich kam, um nur von Rebecca zu kommen. Er muss von weiter her kommen: Von da, wo die Zeit keine Rolle spielt und man schon auf etwas antworten kann, was nach unserer Zeitrechnung noch in der Zukunft liegt. Die Post braucht mindestens einen Tag, um anzukommen. Der Himmel aber braucht nur Sekunden und Rebecca!

# *Trauer*

## Im Tod dem Leben begegnen

## Hatte ihr toter Bruder das Baby geholt?

Merkwürdig! Wie kommt es, dass ausgerechnet zwei Mütter, die ihre Babys an einem Morgen tot in der Wiege liegen sahen und mir davon erzählten, davon vorher träumten? Ist das Zufall?

Die eine weiß es noch wie heute. Sie hatte während ihrer Schwangerschaft diesen Albtraum, dass sie ihr Kind wieder hergeben müsste. Wie das genau passieren würde, wusste sie nicht mehr. Die Bilder der Nacht waren weg, kaum dass sie ihre Augen geöffnet hatte. Aber die Angst war geblieben. Wenn sie es genau erinnert, sogar zwei Ängste. Einmal, das Kind zu verlieren. Aber da war noch etwas: Dass sie das Kind früher bekommen würde, als Arzt und Geburtshelfer ausgerechnet hatten. Wesentlich früher sogar!

Mit diesen Ängsten ging sie zu ihrem Arzt. Der untersuchte sie und beruhigte sie anschließend: »Keine Gefahr! Der Herzschlag des Kindes ist normal. Seine Lage ist okay! Alles bestens!«

Aber die Mutter lässt sich nicht beruhigen. Sie wird das Gefühl nicht los, dass ihr etwas Schweres bevorsteht. Der Arzt beruhigt sie wieder. Alle Frauen, die das erste Baby bekommen, würden so empfinden. Diese Ängste wären ganz normal und würden wieder vergehen.

Aber die Angst der Mutter vergeht nicht. Und als sie Ende des siebten Monats von einem Frühchen entbunden wird, da erfasst sie ein ungeahnte Panik: Ihr Kind, dass die Ärzte eben noch hatten retten können, würde bald wieder von der Erde gehen müssen! Der erste Teil des Albtraums war wahr geworden. Dann würde auch der zweite in Erfüllung gehen. Und er ging in Erfüllung!

Die Ärzte sahen nämlich bei dem kleinen Jungen keinen Grund, den Monitor, der alle seine Körperfunktionen in der Klinik überwachte, der jungen Mutter mit nach Hause zu geben. Der Monitor hätte die Mutter mitten in der Nacht mit einem Alarmton warnen können, dass das Leben des Kleinen gefährdet wäre. Und so kam es, wie es offenbar kommen musste. Das Kind ging. Und niemand konnte es halten.

Und doch hätte es vielleicht eine Möglichkeit gegeben. Denn als wir uns über ihren Traum unterhielten und auch darüber sprachen, dass längst verloren gegangene Kinder, die man nicht genügend betrauert und gewürdigt hatte, in ihrer Familie oft so etwas wie einen Todessog nach sich ziehen, da fällt es der Frau von irgendwoher ein. Sie selbst hat einen Bruder in der Familie gehabt, der schon jung gestorben war. Und ihre ganze Familie war nach einer Zeit der Trauer doch wieder zur Tagesordnung übergegangen. Ihr toter Bruder war kein Thema mehr. Wenigstens nicht für ihren Geist. Doch tief, tief in ihrer Seele wohnte er offenbar noch und kam dann in dunklen Traumbildern fast bis an die Oberfläche. Aber eben nur fast. Da hätte man ihn bemerken können. Da hätte man ihn ehren und lieben und neu voller Dankbarkeit verabschieden können. Aber so kam er ungeliebt und unerkannt wie Rumpelstilzchen mitten in der Nacht zu der jungen Frau und forderte ihr Kind.

# Ein Licht auf dem Grab

Unsere Seelen haben sich noch nicht darauf eingerichtet, dass elektrischer Strom in unserer Zeit jede dunkle Nacht zum helllichten Tag machen kann. Schließlich ist die Erfindung der Elektrizität noch nicht alt. Unsere Seelen richten daher so wie in all den Jahrtausenden vor uns, sich und unser Innerstes eher nach der Sonne, dem Mond und nach den Sternen aus. Die Gestirne signalisieren seit Jahrmillionen, dass die Zeit der Helligkeit vorbei ist und wieder einmal die Zeit der Dunkelheit beginnt. Es ist die Zeit, in der die Dunkelheit die Seelen mehr regiert als die Sonne. Wir müssen uns also, ob wir wollen oder nicht, wieder mehr mit unseren Dunkelheiten vertraut machen. Unsere Seelen verlangen danach.

Denn in diesen immer dunkler werdenden Tagen bekommen die Augen auch immer weniger zu sehen. Ihre Zeit ist vorbei. Jetzt beginnt die Zeit der Ohren. Jetzt beginnt die Zeit des Erzählens und Hörens. Jetzt beginnt die Zeit des In-sich-hinein-Horchens.

Unsere Seelen nutzen die dunklen Zeiten, um zurückzuschauen und in der Erinnerung zu stöbern und aufzuräumen. Sie kehren in sich, sagt unsere Sprache. Sie machen sauber und bauen sich ein kleines Nest.

Wie Kinder, die schon seit Wochen nicht mehr draußen spielen, sondern sich auf einmal auf dem dunklen Dachboden herumtummeln und Buden und Verstecke bauen, ziehen wir Großen und Erwachsenen uns zurück. Denn auch in der größten Dunkelheit gibt es etwas zu entdecken.

So führt uns im dunklen November unsere Erinnerung zu den dunkelsten Stellen unserer Erinnerung. Sie führt uns zu den Friedhöfen. Da steht man, seufzt, bückt sich, zupft ein wenig am Grabschmuck herum, macht Ordnung und, als ob es uns schwer fallen würde, von den Gräbern der Lieben Abschied zu nehmen, lassen wir ihnen ein Licht zurück. Und Licht bedeut Wärme und Geborgenheit.

Und irgendwann taucht die innere Entdeckung auf, dass nicht nur die Friedhöfe der Stadt wachsen. Es wachsen eben auch die ganz persönlichen Friedhöfe um uns Menschen herum. Vor Jahren war es nur ein Grab, das man dann und wann besuchen ging. Das Grab der Großeltern vielleicht und da und dort auch schon das Grab eines Lebenspartners oder sogar das Grab eines Kindes. Jedes Jahr werden es mehr. Als wenn jede einzelne Seele sich in ihrem Innersten ihren eigenen Friedhof anlegen müsste, um eines Tages nicht in der Fremde begraben werden zu müssen.

## Die Frau, die ihrem Mann beim Sterben half

Die Ärztin wusste wohl, dass sie der Frau des todkranken Mannes an diesem Abend für ihn die Erlösungsspritze in die Hand gab. Wortlos hatte die Hausärztin die Spritze aufgezogen und sie ihr mit einem alles sagenden Blick gereicht. Es war still. Und es war kein Zittern in der Hand der Ehefrau zu sehen. Irgendwie war es selbstverständlich. Alles hat seine Zeit. Auch der Tod und der Abschied. Sie würde die Nadel in einen der abgezehrten, weißen Oberschenkelmuskeln ihres Mannes drücken. Und dann würde sie langsam mit dem Daumen den Kolben ohne großen Druck nach unten drücken. Ohne Druck, wie von selbst müsste es gehen. Und dann würde sie die Spritze wieder herausziehen, die Hautstelle abtupfen und bei ihm bleiben, bis es soweit sein würde.

Ob die Ärztin auch bleiben würde? Schließlich hatte sie ihren Mann über die letzten Jahre des langsamen Sterbens betreut und begleitet. Ob sie auch in diesem letzten Augenblick dabei sein wollte? Eher wohl nicht. Sie hatte ihr doch die Spritze gegeben. Sie war wohl sensibel genug, diesen heiligen Augenblick nur ihr und ihrem Mann zu überlassen – bis dass der Tod sie scheiden würde.

Als sie das vor vielen Jahren in der Kirche gesagt hatten, war es ein heiliger Moment in ihrem Leben gewesen. Ähnlich wie jetzt. Jetzt war es wieder heilig. Ihre Ehe war irgendwie heilig gewesen, und jetzt war es auch ihr Abschied. Und Gott im Himmel sei Dank für eine Ärztin, die noch weiß, was heilig ist und was nicht. Dem Himmel sei Dank für eine Frau, die sich mit ihrem Können und Wissen nicht irgendwo dazwischendrängt, wo sie nicht hingehört. Ja, die sogar das alles entscheidende Instrument ihres Berufes aus der Hand und in die Hände der Liebenden gibt.

Der Mann wollte zu Hause sterben. Und zu Hause, das war für ihn seine Frau. Daran hatte er keinen Zweifel gelassen. Der Krebs hatte zwar Stück für Stück sein Leben aufgefressen. Aber an die Liebe zu seiner Frau kam er nicht ran. Die Liebe kann man nicht auffressen. Die war eher noch gewachsen in den letzten Jahren.

So wie die Kräfte des Körpers und der Erde in den letzten Monaten abgenommen hatten, so waren die Kräfte der Seele und des Himmels mit ihm gewachsen. Nichts würde ihn trennen können von der Liebe. Sie wusste das. Und als seine Seele sich mehr und mehr von seinem ausgefressenen Körper befreite und sich elend löste und fast wieder zu verfangen drohte, da nahm sie mutig die Spritze und befreite ihn. Wie wenn ein Vogel sich mit seinem Flügel irgendwo an der Erde verheddert hätte und jetzt fliegt. Es war ganz einfach. Und sie spürte die Liebe.

Das ist jetzt drei Wochen her, und seitdem sucht sie ihn. Und wenn sie ihn finden will, geht sie nicht zum Friedhof. »Da liegt er sowieso nicht«, sagt sie mir. »Da liegt das, was ich über Jahre und Monate habe sterben sehen. Ich suche ihn an den Orten, wo wir auf dieser Erde ein Herz und eine Seele waren. Da sitze ich und warte auf ihn. Ich spüre, wenn er da ist.

Er gibt Zeichen. Manchmal ist es der Wind, dann ein Blatt, manchmal ein Vogel. Egal. Sie sind wie Liebesbriefe aus einer anderen unsichtbaren Welt. Sie sind wie Botschafter, sie müssen dort drüben sehr frei sein oder nicht? Was meinen Sie?«

Was ich meine? »Ich meine, dass man es offenbar auch drüben noch nötig hat, zu lieben und geliebt zu werden. So wie ihr Mann ja sagte: »Die Liebe hört nicht auf!« »Stimmt!«, sagte sie und ihre Augen leuchteten.

## Die wunderbare Kraft des letzten Atemzugs

Jetzt bin ich schon über zwanzig Jahre immer wieder dabei, wenn Menschen sich daran machen zu sterben. Und manches Mal denke ich, war bei mir schon ein bisschen Routine dabei. Die kommt immer auf, wenn man glaubt, es gäbe nichts mehr zu lernen. Doch diese Woche wurde die Routine durchbrochen. Und ich konnte etwas lernen.

Schließlich geht auch das Sterben nach einem bestimmten alten Muster vor sich. Zuerst geht die Kraft der Augen. Es gibt nichts mehr Neues zu sehen. Die sichtbare Zeit ist vorbei. Doch da sind die Ohren noch ganz Ohr. Sie haben noch eine Aufgabe, wenn es jetzt dunkel wird. Als wenn das Ohr einen direkteren Weg zum Herzen hätte als das Auge. Was das Ohr empfängt, geht tiefer. Doch irgendwann ist das Ohr müde. Dann nimmt der Sterbende aber mit Haut und Haaren noch alles wahr. Jede Liebe, jedes Streicheln über Haut und Haare. Und dann der letzte Atemzug, der Abschied, das Beten, das Schließen der Augen, das Falten der eben verstorbenen Hände. So läuft es ab, wenn es gut läuft. Und dass es gut läuft, dafür bin ich da.

Heute fürchte ich mich nicht mehr so vor diesem Augenblick des letzten Atemzugs. Ich spüre ungefähr die Zeit, wann er kommt. Und meine Aufmerksamkeit wandert auch dann und wann zu den Angehörigen. Ich mache ihnen Mut, ihre Empfindungen, ihre Trauer und ihre Angst wahrzunehmen. Dann und wann gebe ich einen leichten Hinweis, die Hand des Sterbenden zu nehmen und für ein paar Minuten mit ihm ganz allein zu sein. Es gibt noch ein paar Worte zu sagen. Es gibt noch ein paar Dinge, die ausgesprochen werden müssen, wenn sie nicht über Jahre im Halse stecken bleiben sollen. Die ganze andere Verwandtschaft komplimentiere ich dann immer hinaus. Wir warten in der Küche oder im Flur des Krankenhauses, bis alles gesagt ist und die Tränen fließen konnten.

Dabei war mir immer schon aufgefallen, wie wichtig es den engsten Verwandten, den Kindern, dem Ehepartner war, dabei zu sein, wenn der letzte Atemzug kam, die Brust sich ein letztes Mal hob, und dann die Stille eintrat. Aber ich habe es nie gedeutet, was denn daran so wichtig sein könnte, dass die Hinterbliebenen noch Jahre davon reden, Jahrzehnte darunter leiden – als wenn dieser verpasste Augenblick einem alle Kräfte nehmen könnte. Jetzt weiß ich endlich, warum: Das verdanke ich einer alten weisen Frau, die ihre längst erwachsene, alkoholkranke Tochter bei sich wissen wollte, als sie in die andere Welt ging.

Die Tochter war das Sorgenkind der Mutter gewesen. Klar! Und um die Mutter gekümmert hatte sie sich auch nicht groß. Und trotzdem hatte die sterbende Frau auf sie gewartet. So wie mancher Sterbende den Zeitpunkt seines Todes mitbestimmen kann. Und erst als das Sorgenkind da war und die Hand der Mutter nahm, war die Aufgabe der Mutter auf der Erde getan. Ein letztes Mal hatte sie ihrer Tochter deutlich gemacht, wie sehr, sehr lieb sie gerade sie hatte. So lieb, dass das Kind nicht weiter an sich und dem Leben zweifeln musste. »Mutter liebt mich, so wie ich bin. Das Leben sorgt sich um mich!« Die Tochter hatte verstanden – und endlich Halt gefunden.

# Warum der lange Abschied von unseren Toten so wichtig ist

Mitten im Frühling lesen wir an den Sonntagen in den Kirchen die Geschichten, in denen die Toten den Lebenden erscheinen. Der am Karfreitag gestorbene Jesus erscheint bis zum Himmelfahrtsfest seinen Freundinnen und Freunden. Als wenn es im Frühling kein anderes Thema gäbe! Die Liebe zum Beispiel!

Aber sagen Sie das doch einmal einer Mutter, die im Frühling ihr Kind verlor! Sagen Sie der doch einmal: Vergessen Sie Ihr Kind! Schauen Sie lieber nach vorne!

Sagen Sie das mit dem unzeitgemäßen Thema vom Leben der Toten doch mal einem Menschen, der Nacht für Nacht von seinem Verstorbenen träumt und endlich im Frühling, nach durchstandener Dunkelheit des Winters, eine Erklärung haben will. Der winkt nur ab. Denn Sie auslachen kann er schon lange nicht mehr.

Wir Christen, und nicht nur wir, haben eine Erklärung für die Anwesenheit der Toten bei den Lebenden! Denn das älteste Wissen der Welt, die Religion, weiß, dass kein Leben zu Ende ist. Das Leben eines Menschen ist nur weitergezogen wie ein Wassertropfen Richtung Ozean, Richtung Unendlichkeit, Richtung Ewigkeit. Aber es lebt. Man muss nur offen dafür sein, ihm auch zu begegnen.

Was uns oft an solchen Begegnungen der neuen Art hindert, ist unsere Angst. Kaum dass der Tod bei einem unserer Liebsten eingetreten ist und sein Leib ja noch da ist, noch warm ist, wenden wir uns oft schon ab. Und manchmal lässt man uns gar nicht die Verstorbenen weiter begleiten. 50 Jahre war man verheiratet und hatte versprochen, beieinander zu bleiben in guten und in bösen Tagen. Aber kaum, dass einer gehen muss, soll der Lebenspartner innerhalb von 20 Minuten Abschied nehmen. Das geht ohne zusätzliche Verwundungen nicht ab. Da haben wir Geistlichen auch eine gewaltige Verantwortung. Wir haben die Toten oft genug aus unseren Kirchen vertrieben.

Das muss sich ändern. Wenn die Beziehung der Lebenden mit den Verstorbenen gelingen soll, muss vor allen Dingen der lange Abschied gelingen. Und da erscheinen nicht nur die Lebenden bei den Toten auf dem Friedhof. Sondern auch die Toten bei den Lebenden. Im Traum und in der Wirklichkeit.

## Hinter demonstrierter Stärke versteckt sich oft nur das Kind im Mann

Der Arzt, der mir vor ein paar Monaten im Studio gestand, dass er nicht mehr lang zu leben hätte, ist tot. Seine Frau schickte mir die Todesanzeige . Ich lese sie und in mir steigt die Erinnerung an diesen ehrlichen tapferen Mann und Arzt auf, der mir da gegenübersaß und nüchtern, sehr nüchtern davon sprach, was ihn wohl erwarten würde. Wenig! Wahrscheinlich sogar gar nichts! Das war unterm Strich seine Antwort.

Ich hätte es so stehen lassen können. Aber es sind ja nicht nur die Worte, die zählen, wenn jemand antwortet. Der Ton macht ja schließlich die eigentliche Musik. Und da war etwas Hartes im Ton. Etwas Schroffes, etwas wie Abwehr. Doch wo Abwehr ist, da muss es auch etwas geben, was man verteidigen will. Wo Härte ist, muss es auch etwas geben, etwas Weiches, was mit der Härte verteidigt werden soll. Wo männliche Stärke demonstriert wird, wird doch oft nur das Kind im Manne versteckt. Wo war das »Menschenkind« in dem Arzt? Das Menschenkind, das bald die Erde verlassen müsste?

Damals habe ich, denke ich, einen kleinen Zipfel davon entdecken können. Schließlich war er nicht der Erste von der Geschwisterschar, der sterben würde. Zwei oder waren es sogar drei seiner Brüder, ich weiß es nicht mehr, waren schon in ihrer frühen Kindheit gestorben. Und die Mutter hatte sich von Religion zu Religion durchgefragt, wo sie denn sein könnten. Die streng protestantische Frau wurde katholisch und dann jüdisch und reiste nach Jerusalem. Immer auf der Suche nach ihren verlorenen Kindern.

Als ich davon sprach, öffnete sich die Rüstung des hageren Mannes etwas. Und so etwas wie Sehnsucht ließ sich blicken, die Mutter und die Brüder nicht für immer verloren zu haben, sondern sie auch einmal wiedersehen zu können. Eine Sehnsucht, dass das Leben nicht nur Fragen hat, sondern auch Antworten. Und wenn sie nicht hier in der Zeit gegeben würden, dann eben später in der anderen Zeit und Wirklichkeit, die wir den Himmel nennen.

Jetzt ist mein wunderbarer Gesprächspartner tot. Verstorben! Soweit man eben sterben kann. Aber der Gedanke, dass er jetzt seine Sehnsucht gestillt bekommen könnte, der rührt mich und macht mein Herz weit auf. Ich verneige mich vor dem Mann, der mein Herz berührte und vergesse ihn wohl nie.

# Begräbnis einer Katze und der tiefere Sinn des Abschiednehmens

Die Katze haben wir in unserem Garten begraben. Sie liegt gleich neben der kleinen Buddhastatue. So tief haben wir sie begraben, dass sie kein anderes Tier ausscharren kann. Aber der scheußliche Regen hat dafür gesorgt, dass wir nicht allzu tief gruben.

Mit der toten Katze war eines meiner Patenkinder zu mir gekommen, weil es mit seiner Familie in einer Etagenwohnung ohne Garten lebt. In seiner Lieblingswolldecke trug er das Tier. Ich habe ihn nicht gefragt, warum er seinen Liebling nicht in irgendeinem Wald begräbt. Ich habe auch nicht gefragt, ob es vielleicht der im Patenonkel versteckte Pfarrer ist, der in aller Form eine Zeremonie garantiert. Oder gar, ob es der Pfarrgarten ist, der quasi eine Art Friedhof vorgaukelt. Ich habe einfach den Jungen mit der Katze gesehen, die er Zeit seines Lebens um sich hatte. Er trug quasi seine Kindheit auf dem Arm. Jemand sollte sie ihm abnehmen und ihm beim Abschied beistehen. Daher war er an diesem regenverhangenen Tag zu mir gekommen, um wieder einmal ein Stück seiner Kindheit zu begraben.

Und so war denn auch die Grabrede. Nicht mit gefalteten Händen, sondern zwei Männer mit der Schaufel in der Hand. Und der Ältere erzählt dem Jüngeren, dass das Leben nichts anderes ist als eine einzige Abschiedszeremonie. Es ist ja nicht nur die Katze. Es ist ja nicht nur die Kindheit. Bald werden es Vater und Mutter sein. Und irgendwann in nicht allzu ferner Zukunft auch die Jugend. Es ist ein einziges Abschiednehmen!

Und als wir überlegen, ob wir oben auf dem Grab ein kleines Holzkreuz errichten sollen, kommt die Frage nach dem tieferen Sinn der ganzen Abschiednehmerei. »Ich weiß es nicht. Ich weiß es wenigstens nicht so genau, dass ich es beschwören könnte, antwortete ich. Aber ich habe einen Verdacht.« »Und der wäre?«, fragt der Junge zurück.

»Nun, dass wir bei allem Abschied und trotz allen Scheidens nicht immer bitterer werden, sondern immer offener und statt einer Mutter, die nur unsere war, alle Mütter lieben. Und statt einer Katze, die nur dir gehörte, alle Katzen lieben.«

## Wie eine junge Frau im Zug mich an meine wichtigste Aufgabe erinnerte

»Die Fahrkarten bitte!« Ich suche in meinem Jackett nach dem Ticket und schaue auf. Eine junge Schaffnerin, hübsch, denke ich. Selten, dass man früh am Morgen so angestrahlt wird. Ich reiche ihr zudem meine Bahncard. Sie kontrolliert und sagt: »Herr Fliege?« Ich nicke. »Gut, dass ich Sie hier treffe!« Wünscht mir noch eine gute Fahrt und geht. Merkwürdig!? Wieso gut, was meint sie?

Eine knappe Stunde später sitzt sie bei mir im Abteil, lehnt sich tief in den Sessel zurück und weint. Ihre Freundin habe gestern ihren Mann verloren. Irgendeine Herzkrankheit. Und dann drei kleine Kinder. Da will es ihr nicht nur als bloßer Zufall erscheinen, dass einer der ersten Fahrgäste am Morgen ein Pfarrer ist.

»Sie sind mutig, mir davon zu erzählen«, sage ich vorsichtig in die Stille hinein. Da schüttelt sie den Kopf. »Wieso? In solchen Situationen zeigt es sich doch, ob wir wirklich Gottes Kinder sind. Und dann sind wir doch auch Schwestern und Brüder!«

Sie ist offenbar eine gläubige junge Frau und sagt ganz offen, worum es ihr geht: »Ich möchte Sie bitten, Herr Fliege, für meine Freundin zu beten! Heute Abend!« Und die Tränen rollen ihr wieder über die Wangen. Jetzt ist es raus.

Mir scheint das einen Augenblick lang zu wenig zu sein. Ich will mehr tun. Ich schreibe im Abteil der jungen Witwe auf einem Stück Papier einen Kondolenzbrief mit ein paar seelsorgerlichen Rezepturen für die schwerste Zeit. Das nimmt die Schaffnerin auch dankend an, als sie später noch einmal vorbeikommt. Aber auch da bringt sie es noch einmal auf den entscheidenden Punkt, warum sie mich überhaupt »gestört« hat: »Beten Sie für meine Freundin! Bitte, beten Sie!«

Und so erinnert mich die junge Frau aus dem Zug an mein eigentliches Handwerk. In erster Linie sind wir Pfarrer doch immer noch Priester, die die Anliegen der Menschen in den Himmel tragen helfen sollen. Mit dem Leben kommen die Menschen schon irgendwie zurecht. Nur eben mit dem Himmel oft nicht.

## Ein kleiner sterbender Junge und der Satz, der den Sinn seines Lebens verriet

Ich werde einen kleinen vierjährigen Jungen in meinem Leben nicht vergessen. Einen Jungen, den ich persönlich nie gesehen habe. Er starb an Leukämie. Aber seine Mutter hat mir von ihm erzählt. In ihren Armen ist er gestorben. Und wenn es denn einen Grund gegeben hat, dass der große Vater des Lebens wollte, dass dieser kleine Junge auf die Welt kam, dann hat es den Grund, dass er seiner Mutter in seinem kurzen Leben nur einen Satz sagen sollte, der sie bei allem Schmerz durch ihr ganzes Leben tragen wird: »Mama, du bist so schön!«

Das hatte er immer wieder gesagt, wenn sie den Vierjährigen aus dem Kranken-Bettchen auf ihren Schoß hob. Dann schaute er sie mit seinen großen längst wissenden Augen an. Und die Mama schaute zurück. Und sie wusste auch. Und dann sagte er ihr immer wieder diese Worte: »Mama, you are so beautiful!« Denn seine Muttersprache war Englisch. Wenn jemand in der weiten Welt noch einen Beweis braucht, dass ein Kind, das auf dieser Erde nur wenige Jahre bleiben darf, in seinem kurzen Leben sozusagen fast alle Stufen des Lebens in einem rasenden Tempo durchläuft, dann findet er ihn bei diesem kleinen Jungen. Ein normaler Junge kann mit vier Jahren nicht sehen, ob seine Mutter schön ist oder nicht. Seine Mutter ist schließlich seine Mutter. Nicht mehr, aber erst recht nicht weniger. Da muss man als Kind sicher über die Pubertät hinaus, um seine Mutter mit anderen vergleichen zu können.

Endlich aber kommt hinzu, dass wir Jungen und Männer normalerweise die erste Hälfte unseres Lebens weniger für Schönheit schwärmen als für Freiheit. Und erst am Ende unseres Lebens entwickeln wir einen Sinn für Schönheit, Kosmos, Ordnung und Harmonie. Und dann erst werden uns die Augen dafür geöffnet, dass Schönheit und Zueinanderpassen und Füreinanderdasein die Dinge des Lebens sind, die das Leben überhaupt erst weitertragen. Erst sehr spät werden aus Freien und Freiern und Freibeutern anbetende Männer.

Aber der kleine Junge, dem auf dieser Welt nur vier Jahre beschert waren, durchmaß sie alle mit großen wachen Augen und erkannte seine Mutter: »Mama. You are so beautiful!«

## »Oh Haupt voll Blut und Wunden«: die Geburt eines Liedes

Jeden Tag musste er auf dem Weg zur Arbeit an seinem größten Schmerz vorbei. Jeden Tag. Und er wollte es auch gar nicht anders. Als sein kleines Töchterchen starb und er es selbst im Sand der Mark Brandenburg begraben hatte, ließ er sich eine kleine Gedenktafel anfertigen. So, wie sie normalerweise nur Fürsten und Edelleute hatten, Gedenktafeln, die dann an den Kirchenwänden befestigt werden, um über die Jahrhunderte hinweg zu erzählen, wer hier lebte, litt und starb.

Genauso eine Tafel ließ er sich malen. Denn für den Vater war seine kleine Tochter mehr als eine Prinzessin. Sie schien der Sinn seines Lebens gewesen zu sein. Die Sonne, die ihn anlächelte. Wie Abraham, der Vater des Volkes Israel, hatte er sich gefühlt, als sie geboren wurde. Wie Abraham, der noch auf seine alten Tage ein Kind geschenkt bekam. Aber wie Abraham hatte er sich auch gefühlt, als der Himmel sein Kind von ihm forderte.

Damals bei Abraham war ein Wunder geschehen und Abraham durfte sein Kind behalten. Er aber, viertausend Jahre später, wartete vergeblich auf ein Wunder. Es kam keins. Auf den Knien hatte er gelegen. Mit Gott hatte er verhandelt: Nimm mich, lass mich sterben, Vater im Himmel, aber lass das Kind leben! Doch der Himmel schien ihn nicht zu hören. Das Töchterchen starb, und er begrub es und ließ die Tafel malen, damit auch sein Schmerz nie vergessen würde. Jeden Tag würde er daran erinnert. Und wenn er einmal scheiden würde von der Welt, würde es das Erste sein, was er oben fragen würde: Wozu nahmst du mir mein Töchterchen, Vater der Welt? An die Wand der Kirche bekam er die Tafel deshalb leicht, weil er der Pfarrer war. Er war erst vor wenigen Jahren mit seiner jungen Frau hierher gekommen. Und statt dass der Himmel mit der Geburt der kleinen Tochter ihn glücklich und geradezu selig machte, nahm er sie gleich wieder zu sich. Wer kann den Schmerz dieses Vaters messen? Er sitzt in seiner alten Kirche südlich von Berlin und starrt das Altarbild an. Ein Portrait des Gekreuzigten: Nur das Haupt voll Blut und Wunden mit einer Dornenkrone. Er spürt geradezu den Schmerz jedes einzelnen Stachels.

Kein Wunder! Keine Nacht, die er schlafen kann. Kein Tag ohne die Erinnerung an das Kind! Wenn ihn einer verstehen kann, dann der Mann mit den farblosen Augen auf dem Bild über dem Altar. Der hatte sich genauso wie er auf den Boden geworfen und den Vater im Himmel gebeten, nicht sterben zu müssen. Aber der Himmel antwortete nicht. Genauso! Wie ein Bruder kam er ihm vor, ein Bruder im Leid, verhöhnt, verspottet von den Gottlosen, die sich ausschütten über einen Pfarrer, der umsonst betet und über einen Wanderprediger, der umsonst seine Hände vor Angst in den steinigen Boden eines Olivenhains am Stadtrand von Jerusalem krallt. Wie ähnlich sie sich sind! Und er nickt ihm zu, dem Mann, von dem nur der Kopf zu sehen ist. Er grüßt ihn, als wenn er leben würde.

Wahrscheinlich lebt er auch. Irgendwo auf der anderen Seite der Wirklichkeit. Und wenn er, der Pfarrer von Mittenwalde, Paul Gerhard, sterben würde, dann sollte er zur Stelle sein. Langsam erhebt sich Paul Gerhard. Er verlässt die Kirche. Eben ist in ihm ein Lied auf die Welt gekommen. Ein Lied im Angesicht des Todes: »Oh Haupt voll Blut und Wunden, voll Schmerz und voller Hohn. Oh Haupt zum Spott gebunden mit einer Dornenkron. Oh Haupt sonst schön gezieret mit höchster Ehr und Zier. Jetzt aber hoch schimpfieret, gegrüßet seist du mir.«

## Was für ein Prediger! Der große O. W. Fischer über Tapferkeit, Tod und Auferstehung

Ich sitze im Flugzeug nach Mailand. Gleich werde ich unten am Flughafen ein Auto mieten, um in die Schweiz nach Lugano zu fahren. Ich habe mich dort mit dem großen alten Schauspieler O. W. Fischer verabredet. Die Osterpredigt werde ich mir dieses Jahr wohl von ihm sagen lassen. Er ist ja im Grunde immer weniger Schauspieler gewesen als ein Eigensinniger: Ein Mann mit eigenem Sinn! Immer auf der Suche nach dem Sinn des Lebens. Ein Mann mit Geschmack für den großen Sinn des Lebens. Einen besseren Prediger kann ich mir für mich nicht vorstellen. Schließlich ist er auch 87 und steht schon seit Jahren mit seiner Seele vor dem großen Tor. Wer weiß mehr über Leben und Tod als die, die schon in beide Welten sehen können?

Zurückgezogen, abgeschieden lauscht er in der Stille der späten Jahre auf das, was ihn erwartet: Tod und Auferstehung! Und er fürchtet sich nicht. Wie oft hat er in seinem Leben schon erlebt und erfahren, dass das Leben kein dahingleitender Strom ist! Sein Leben war immer voller Wellentäler und Berge. Es war immer voll Tod und Auferstehung. Der große Erfolg bei uns. Der Absturz in Hollywood Die Auferstehung in Europa. Als wenn der Absturz notwendig wäre, um zu neuen Erfolgen zu kommen. Erfolge allein verführen, lehrte er uns.

Und dann bringt er ein einfaches Beispiel. »Was für ein Gefühl muss man denn haben, um mutig zu werden? Wovon muss man denn reichlich haben, um daraus Tapferkeit zu machen?«

Ganz einfach, man muss Angst haben. Entsetzlich viel Angst muss man im Leben gehabt haben und haben. Todesangst muss man erlebt haben im Leben, im Krieg, bei den Nazis, im Beruf und in der Krankheit, immer wieder. Und dann muss der Mensch spüren, dass wir die Angst nicht nur geschenkt bekommen haben, um darin zu versaufen, sondern damit wir aus ihr ein Stück herausbrechen um es zu Mut und Tapferkeit umzuschmieden. Vielleicht lädt er mich in seinen stillen Garten ein, um dort mit ihm und mit seinen Tieren zu erlauschen, was man in dieser Welt mit den Augen eines Menschen nicht sehen kann.

## Unsere Tränen weisen uns den Weg zur Heimat unserer Seele

Wenn Sie einmal weinen müssen, dann fürchten Sie sich nicht vor Ihren Tränen. Und seien sie noch so viel und noch so heiß! Als wenn sie nie aufhören und versiegen wollten! Fürchten Sie sich nicht! Sie nähern sich nur wieder einmal mehr der Mitte Ihres Lebens.

Ihre Tränen sind nur das spürbare Zeichen, dass Sie wieder einmal auf dem Weg zu sich selbst sind. Sie sind auf dem Weg, Ihre gute Seele zu besuchen. Freuen Sie sich!

Unsere Seele scheint sich in unserem täglichen Stress nicht wohl zu fühlen. Da wird sie von unserem Wachbewusstsein wohl auch nicht richtig wahr- und ernst genommen. Also hat sie sich ein Stück zurückgezogen. Sie lebt im Hintergrund unseres Alltags und registriert von dort alles, was sie erlebt aus einiger Distanz. Aber Distanz heißt auch, die Übersicht zu behalten, nicht unterzugehen in der Flut des Alltags. Denn mitbekommen, das tut sie von hier alles!

Aber wo wohnen unsere Seelen? Wo leben sie? Gibt es ein Land, wo unsere Seelen wohnen? Vielleicht weisen uns unsere Tränen erst den Weg? Wenn es denn einen Ort gibt, wo auch Ihre Seele wohnen könnte, dann scheint sie jenseits eines Flusses zu wohnen. Denn warum sonst sind Sie immer nass, wenn Sie Ihre tiefe Seele erreichen und sich mit ihr vereinen? Es ist so, als wenn Sie erst dieses Unsichtbare, Fließende durchschwimmen müssten, um sie nach langer Zeit wieder zu besuchen. Und der Fluss, das sind die ungezählten Tränen, die Sie in Ihrem Leben vergossen haben und vergießen. Und der Fluss, das sind die Angstschweißtropfen, die Sie nicht nur auf der Oberlippe spürten. Und der Fluss, das ist auch das Wasser, dass Sie auch aus Angst und Erschöpfung unter sich ließen wie jedes Menschenkind.

Jeder tiefe und innige Besuch Ihrer Seele ist fast eine kleine Taufgeschichte für sich. Eine Taufgeschichte ohne Kirche. Eine Taufe für jedermann, ohne die man sich nicht erneuern kann. Da muss man erst im Wasser des Jordans untergehen, um wie neu geboren und beseelt ein neues Leben anfangen zu können.

Es ist, wie wenn unsere Seelen unser ganzes Leben lang jenseits des Jordan-Flusses zu Hause wären. Und unsere Tränen, die fließen, tragen uns leicht hinüber und wieder zurück. Sie sind ein Gruß aus dem großen Zuhause.